如何成为魔方高手

魔方哥紫穆 主编

玩转魔方速成技巧

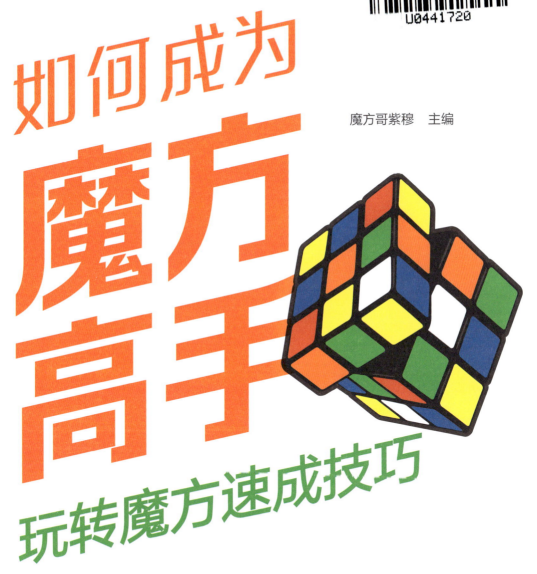

化学工业出版社
·北京·

图书在版编目（CIP）数据

如何成为魔方高手：玩转魔方速成技巧 / 魔方哥紫穆主编. —北京：化学工业出版社，2022.5（2025.3 重印）
ISBN 978-7-122-40998-0

Ⅰ.①如… Ⅱ.①魔… Ⅲ.①智力游戏-普及读物 Ⅳ.①G898.2

中国版本图书馆 CIP 数据核字（2022）第 046089 号

责任编辑：宋　薇　　　　　　　　　　　装帧设计：张　辉
责任校对：杜杏然　　　　　　　　　　　版式设计：水长流文化

出版发行：化学工业出版社（北京市东城区青年湖南街 13 号　邮政编码 100011）
印　　装：天津裕同印刷有限公司
880mm×1230mm　1/24　印张 7　字数 157 千字　2025 年 3 月北京第 1 版第 4 次印刷

购书咨询：010-64518888　　　　　　　　售后服务：010-64518899
网　　址：http://www.cip.com.cn
凡购买本书，如有缺损质量问题，本社销售中心负责调换。

定　价：49.80 元　　　　　　　　　　　　　　　　　版权所有　违者必究

前言

　　魔方20世纪70年代被发明出来，最初只是为了帮助学生们认识空间立方体的组成和结构，没想到在20世纪80年代，小小的魔方竟然风靡了全球且经久不衰。

　　魔方一直以高智商玩具著称，刚接触魔方的玩家大多会认为还原魔方很难，因为转动魔方的时候不是一个块在转动，而是整个一层上的多个块在转动，好不容易把一层拼好，再想拼另一层，就会破坏已经拼好的那一层，不得要领则会前功尽弃。面对繁杂的公式，太多想接触魔方的人望而却步：害怕记不住公式，害怕学不会复原，也害怕学会了很快又忘记。

　　《如何成为魔方高手——玩转魔方速成技巧》一书，手把手教你只用"上下左右前后"的方法来学习，集中精力，或许一两个小时，你就能轻松还原魔方，继续练习还能不断提高还原的速度，真正成为魔方高手。

　　复原三阶魔方只是踏入魔方世界的第一步，很多入迷的玩家不但可以单手复原魔方，还可以盲拧魔方、用脚玩魔方、在水里憋气复原魔方等。随着魔方的热度不断攀升，高阶魔方和异型魔方应运而生。《如何成为魔方高手——玩转魔方速成技巧》除了将最常见的三阶魔方按照初级玩法、中级玩法和花样玩法进行详细解读外，还对四阶魔方、五阶魔方、六阶魔方、七阶魔方等正阶魔方，金字塔魔方、枫叶魔方、斜转魔方、223魔方、233魔方、SQ1魔方、五魔方、三阶镜面魔方、三阶粽子魔方等异型魔方的复原方法进行了讲解，更有拓展内容的魔方花样拧转方法和拼字玩法的独家奉献，所有讲解内容均配有视频，扫码即可观看，更便于玩家快速掌握要领。

家长头疼的是孩子总抱着手机或者平板电脑不放手，造成视力下降和注意力不集中，不如尝试用和孩子一起玩魔方的方法来化解。魔方在开发智力的同时，还能够锻炼人的空间思维能力和手眼协调能力，并可以大幅提升记忆力和反应能力，玩魔方的过程中还能培养专注力和耐心，在不断突破自己的同时建立起自信，可说是一举多得。

与魔方相伴，收获了很多乐趣，也希望通过这本书，帮助更多的魔方爱好者轻松玩转手中的魔方，祝每一位玩家都能早日成为魔方高手。

感谢如下魔方厂商的支持：

广东奇艺魔方格科教实业有限公司　　　汕头市澄海区点盛玩具有限公司
　　　　　杜超宇　　　　　　　　　　　　　　　蔡喆凯

裕鑫科教　　陈志雄　　杭州有魔有样科技有限公司　　魔域文化　　陈永煌
　　　　　　　　　　　　　　　竺建军

魔方哥紫穆

目录

1 走进魔方的世界

1.1 魔方的诞生	002
1.2 魔方的玩法	003
1.3 魔方的结构	003
1.4 魔方的种类	005

2 玩转三阶魔方速成技巧

2.1 三阶魔方基础知识	007
2.2 三阶魔方入门玩法	010
2.3 三阶魔方中级玩法	020
2.4 三阶魔方花样玩法	024

3 玩转多阶魔方速成技巧

3.1 二阶魔方	038
3.2 四阶魔方	048
3.3 五阶魔方	053
3.4 六阶魔方	058
3.5 七阶魔方	062

4 玩转异型魔方速成技巧

4.1 金字塔魔方 067

4.2 枫叶魔方 072

4.3 斜转魔方 075

4.4 223魔方 078

4.5 233魔方 082

4.6 SQ1魔方 085

4.7 五魔方 094

4.8 三阶镜面魔方 108

4.9 三阶粽子魔方 110

5 高阶魔方拼字玩法

5.1 高阶魔方拼字方法 116

5.2 高阶魔方拼百家姓 118

附录：
CFOP高级玩法（速记法） 122

1 走进魔方的世界

1.1 魔方的诞生

　　魔方，原名Rubik's Cube，1974年由匈牙利人厄尔诺·鲁比克发明。鲁比克最初制作的"始祖魔方"只是个教具，目的是帮助他的学生更好地理解"空间转换"概念。

　　后来他将这个教具的每个面都涂上了不同的颜色，打乱次序之后，他发现再还原到颜色整齐的状态，并不是一件容易的事，由此产生了魔方的雏形。此后，鲁比克与玩具公司合作，1977年开始批量生产魔方，到20世纪80年代，魔方已经风靡全球。

1.2 魔方的玩法

许多人都玩过魔方,新买来的魔方每个面的颜色都一样,这样的状态我们称为"初始状态"或者"还原状态"。随意转动魔方的各个面,会破坏每个面颜色的一致性,这时的魔方变为"打乱状态",通过有规律的转动,使魔方各个面的颜色回到"初始状态",这就是魔方的常规玩法,也可以称为魔方的"游戏规则"。

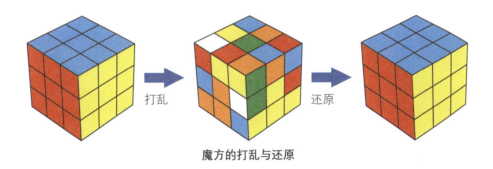

魔方的打乱与还原

1.3 魔方的结构

最常见的魔方是"三阶魔方",呈现为3×3×3的立方体结构,其他形式的魔方都是由三阶魔方拓展而来的。通常三阶魔方六个面的颜色是白、黄、红、橙、蓝、绿,每个面都是由9个色块组成的"九宫格"。

三阶魔方

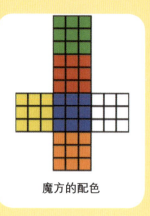

魔方的配色

从立体结构上看，魔方内部有一个隐藏的"十字轴"。这个轴上连接着6个色块，每个色块颜色都不一样，这6个色块对应着魔方每个面正中间的"中心块"。

三阶魔方拆开的样子

五魔方拆开的样子

如何成为魔方高手——玩转魔方速成技巧

1.4 魔方的种类

随着魔方的热度不断攀升，三阶魔方已经不能满足魔方爱好者的需求，四阶魔方、五阶魔方、六阶魔方、七阶魔方乃至更高阶的魔方层出不穷。除了正阶魔方以外，还有很多异型魔方也应运而生，金字塔魔方、枫叶魔方、斜转魔方、223魔方、233魔方、SQ1魔方、五魔方、三阶镜面魔方、三阶粽子魔方等数不胜数。这些魔方的还原方法本书中都有详细讲解。

2 玩转三阶魔方速成技巧

2.1 三阶魔方基础知识

2.1.1 了解三阶魔方

三阶魔方分为三层：顶层、中层、底层。也可称为：上层、中层、下层。

▶微信扫码◀

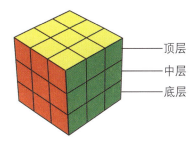

- 顶层
- 中层
- 底层

中心块 有6个，每个中心块只有一个颜色，无论怎样旋转，中心块颜色都是相对不变的。

棱　块 有12个，每个棱块有两种颜色。

角　块 有8个，每个角块有三种颜色。

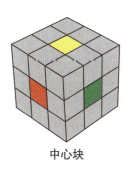
中心块

棱块

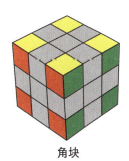
角块

魔方配色

上面为黄色　下面为白色

左面为蓝色　右面为绿色

前面为红色　后面为橙色

以英文Up（上）、Down（下）、Front（前）、Back（后）、Left（左）、Right（右）的第一个字母来表示魔方的上、下、前、后、左、右六个面，即U（上）、D（下）、F（前）、B（后）、L（左）、R（右）。

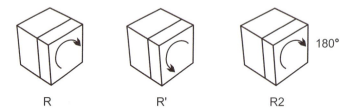

魔方右层顺时针方向转动90°，用R表示。

魔方右层逆时针方向转动90°，用R'表示。

魔方右层顺时针方向转动180°，用R2表示。

（以此类推）

2.1.2 三阶魔方复原思路

魔方是一层一层复原的,入门玩法共分为七步,又叫七步法,也叫层先法。

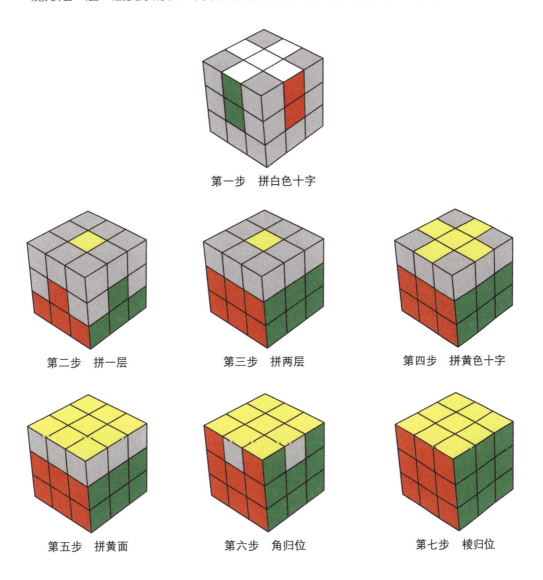

第一步 拼白色十字

第二步 拼一层

第三步 拼两层

第四步 拼黄色十字

第五步 拼黄面

第六步 角归位

第七步 棱归位

2.2 三阶魔方入门玩法

2.2.1 第一步：拼白色十字

首先将白色中心块朝上，白色棱块在侧面中间层可以直接转到顶面。

白色棱块在侧面顶层或底层时，先将其转到中间层，再转到顶面。

白色棱块在底层下面，可以直接180°转到顶面。

上面有白色块，转动顶层把缺少的块转到对应位置，再将侧面的白色块转到顶面。

转动顶层，至少有两个白色十字侧面颜色与侧面中心颜色一样。

▶ 微信扫码 ◀

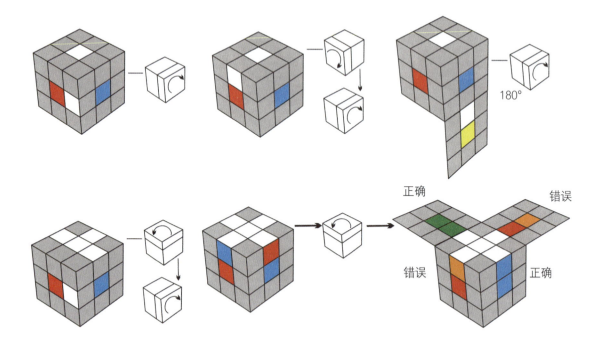

调整错误的白色块

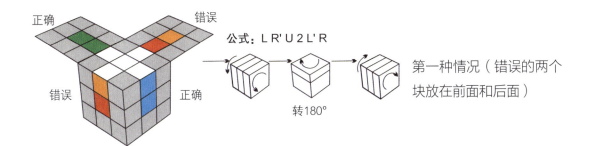

第一种情况(错误的两个块放在前面和后面)

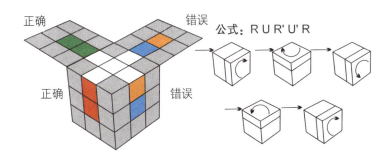

第二种情况(错误的两个面放在右面和后面)

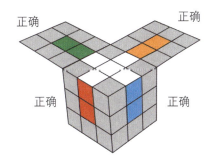

以上两种情况即可调整出正确的白色十字。

2.2.2 第二步：拼一层

首先把拼好的白色十字放到底层，让中心黄色朝上。

在顶层侧面找到白色角块后，看另一个侧面是什么颜色，如例中显示，另一面是蓝色，旋转底两层找到中心蓝色面。

▶ 微信扫码 ◀

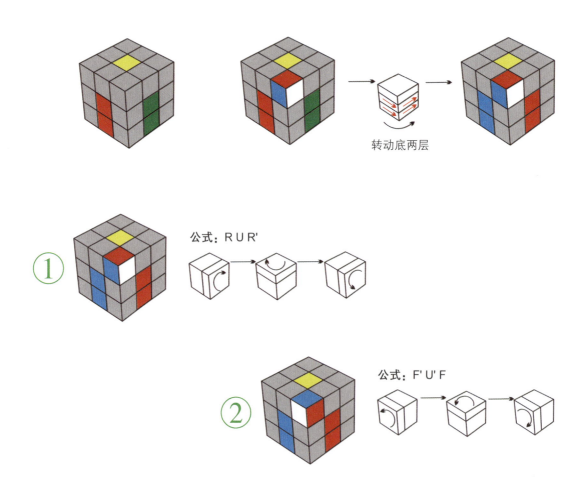

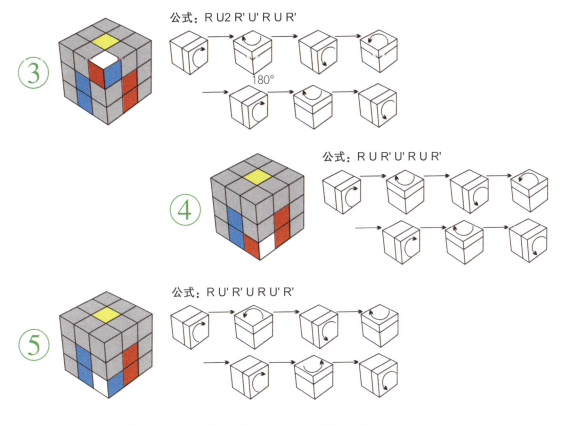

正确底层，底面都是白色，底层侧面所有小块颜色一致。

错误底层，即使底面都是白色，底层侧面所有小块颜色却不一致。拼得不对，需要把错误角块拧出来重新找颜色拼。可用①中所示方法调整。

正确

错误

2.2.3 第三步：拼两层

中间层只有四个棱块，这一步的任务就是将这四个棱块拼回到中间层。首先从顶层寻找不带黄色的棱块，因为顶面是黄色，不带黄色的棱块就是要拼回中间层的。例如寻找到了红绿色棱块，侧面为绿色，旋转顶层将绿色块旋转到绿色中心面。中层白色块代表目标位置。

▶ 微信扫码 ◀

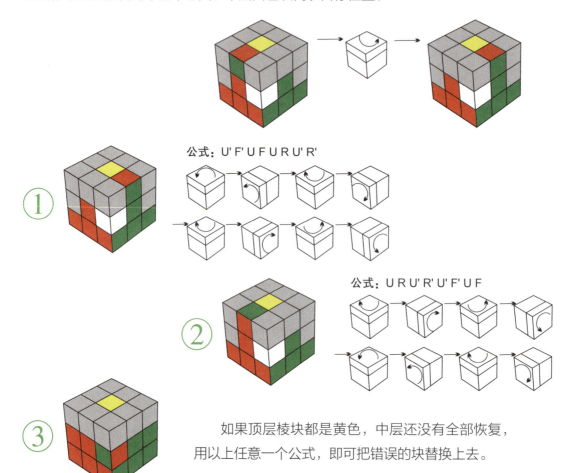

如果顶层棱块都是黄色，中层还没有全部恢复，用以上任意一个公式，即可把错误的块替换上去。

2.2.4 第四步:拼黄色十字

这一步,顶面会出现三种情况。

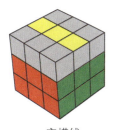
一字横线

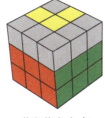
黄色指向九点

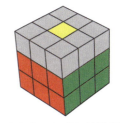
黄色在中心点,但顶面棱块没有黄色

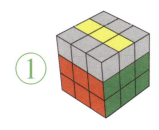
①

公式:F R U R' U' F'
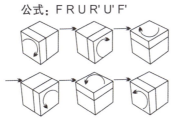

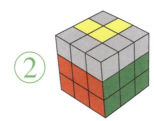
②

公式:F U R U' R' F'
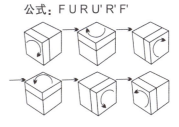

③

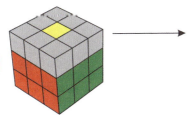

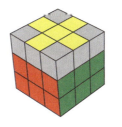

只有中心点是黄色,采用以上两种公式,每种做一遍,即可拼成黄色十字。

2.2.5 第五步：拼黄面

此时魔方顶层的黄色会出现以下七种情况。

顶面角块有一个是黄色的图案，为小鱼图案，例如第1种和第2种。

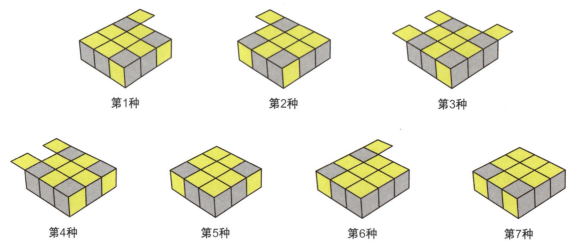

第1种　　第2种　　第3种

第4种　　第5种　　第6种　　第7种

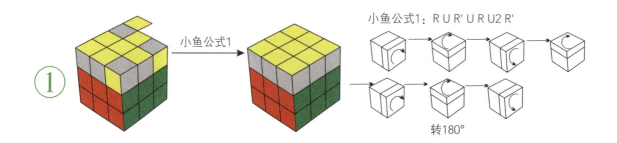

① 小鱼公式1　　小鱼公式1：R U R' U R U2 R'

转180°

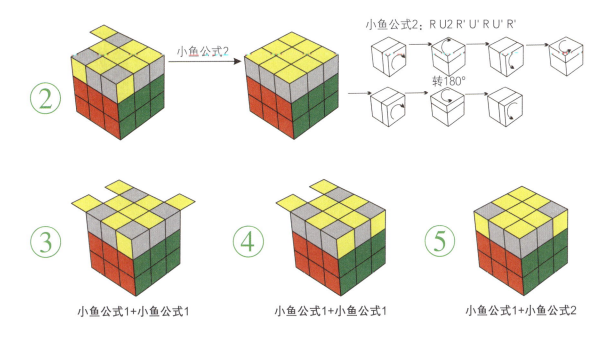

③~⑦的情况，都用小鱼公式1做一遍，就会出现小鱼图案。

玩转三阶魔方速成技巧

2.2.6 第六步：角归位

这一步要完成的是把顶层四个角的颜色拧到位。

旋转魔方的顶层，看看有没有两个角能正确处于应在的位置，下图中橙色面的两个角块就在正确位置，此时将橙色面朝向后面。

▶ 微信扫码 ◀

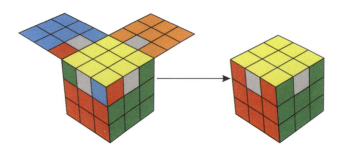

公式：R' F R' B2 R F' R' B2 R2

如果没有两个角块颜色在正确位置上，也用同样的公式拧转就会出现两个角块颜色在正确位置，然后寻找方向再拧一遍。

2.2.7 第七步：棱归位

这时的魔方只差顶层的棱块没有复原了，一共只会出现四种情况。

▶ 微信扫码 ◀

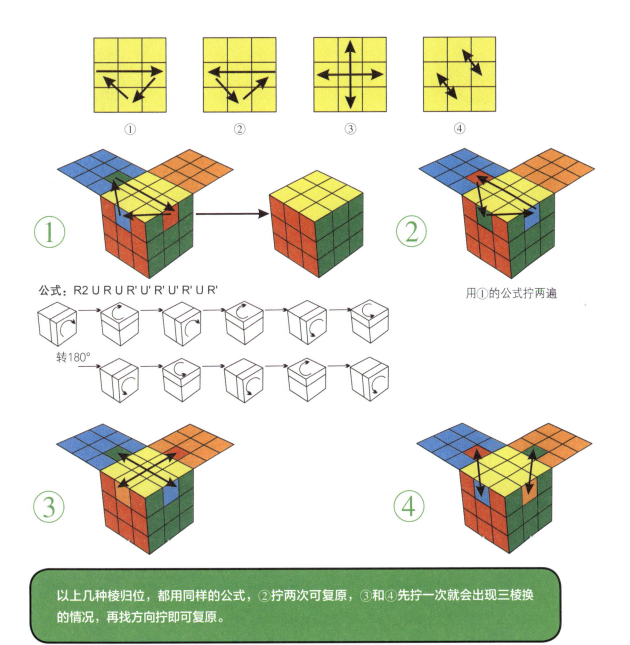

2.3 三阶魔方中级玩法

中级玩法主要针对的是入门玩法中出现的特殊情况,在这里学习用一个公式来解决。

2.3.1 中层翻棱

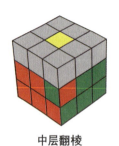

中层翻棱

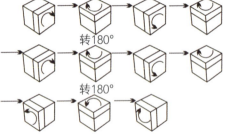

公式:R U2 R' U R U2 R' U F' U' F

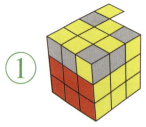

① 小鱼公式1:R U R' U R U2 R'

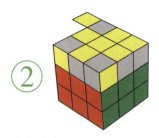

② 小鱼公式2:R U2 R' U' R U' R'

③

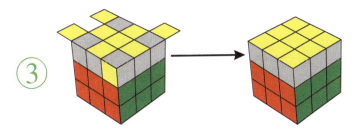

公式：R U2 R2 U' R2 U' R2 U2 R

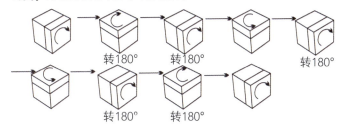

④

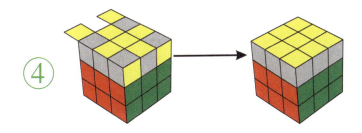

公式：R U R' U R U' R' U R U2 R'

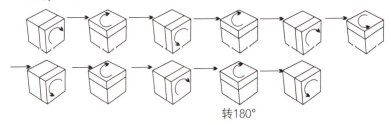

玩转三阶魔方速成技巧

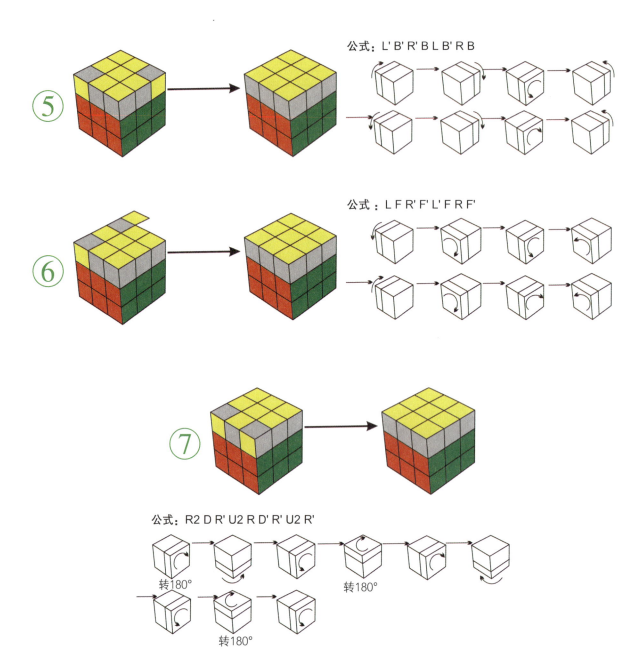

2.3.2 逆时针三棱换

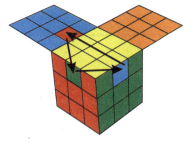

逆时针三棱换

公式：R U' R U R U R U' R' U' R 2

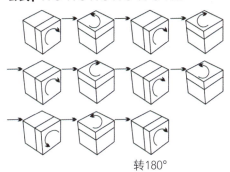

转180°

2.3.3 对棱换

对棱换

公式：M' 2 U M' 2 U 2 M' 2 U M' 2

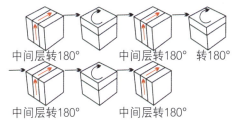

中间层转180°　　中间层转180°　转180°

中间层转180°　　中间层转180°

2.3.4 邻棱换

邻棱换

公式：M' U M' 2 U M' 2 U M' U 2 M' 2 U'

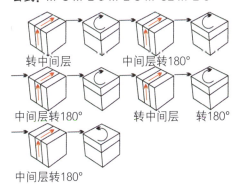

转中间层　　　中间层转180°

中间层转180°　转中间层　　转180°

中间层转180°

2.4 三阶魔方花样玩法

　　无意之中，我将魔方用一种很有规律的公式旋转了数次，竟然神奇地出现了色彩有序排列的图案，整体六面形成了花样。兴奋之余，我又换了一种有规律的方法旋转魔方，另一种花样出现了。

▶ 微信扫码 ◀

　　魔方呈现的各种花样是我的意外收获，没想到原来魔方除了复原之外还可以这样玩。于是我又开始用更多的方法尝试把魔方拧出更好看的花样，有时魔方拧出六面回字花样，有时魔方拧出六面棋盘花样，有时魔方拧出四面十字花样。

　　找到各种花样拧转的公式之后，我又通过公式的互相转换，在一个花样的基础之上再用另一种公式，拓展出更多新花样。每个花样并不都是在魔方"复原状态"下拧成的。

　　在这部分的内容中我们一起来学习魔方拧花样的方法。

> **特别说明**
>
> 　　魔方有6个面，在本部分内容中讲解花样时只展示其中3个面，有些同样花样编号的魔方讲解展示的起始位置会有不同。

2.4.1 拧法一至拧法四

　　魔方花样玩法有很多拧法，本书中共介绍六种拧法，我们首先来学习前四种拧法，这四种拧法在众多拧法之中是具有代表性的。

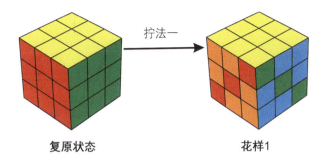

复原状态　　　　　花样1

拧法一公式：F B L R F B L R F B L R

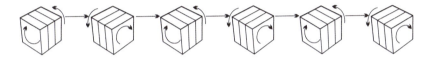

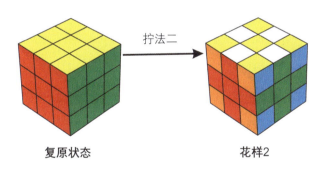

复原状态　　　　　花样2

拧法二公式：F' B L R' F B' L' R F' B L R'

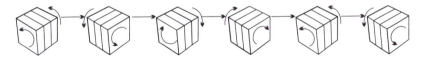

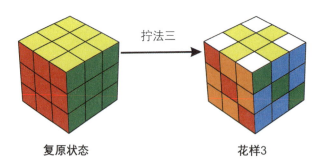

拧法三公式：F B L' R' F B L' R' F B L' R'

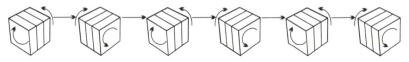

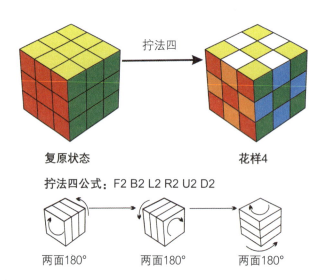

拧法四公式：F2 B2 L2 R2 U2 D2

两面180°　　两面180°　　两面180°

以上介绍的四种拧法拧出的四个花样，每个面图案的颜色最多只有两种。

2.4.2 经典花样拓展1

本部分中的花样是在2.4.1中四种花样基础上，灵活运用拧法一至拧法四演变出的新花样。

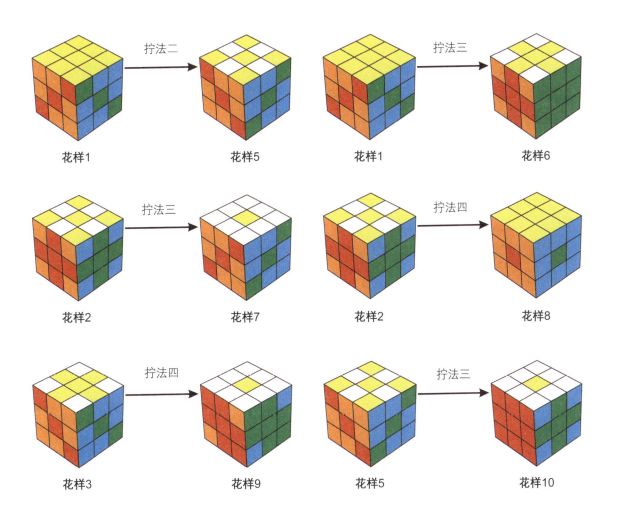

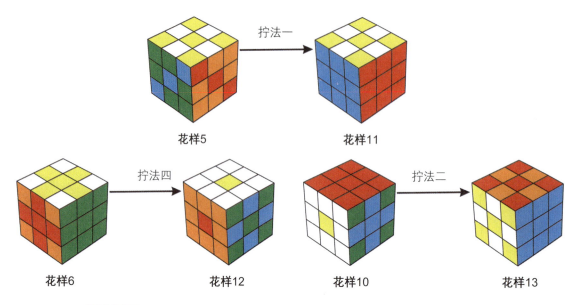

2.4.3 拧法五

首先学习拧法五，然后在花样14的基础上，灵活运用2.4.1中的四种基本拧法，拧出更多花样。

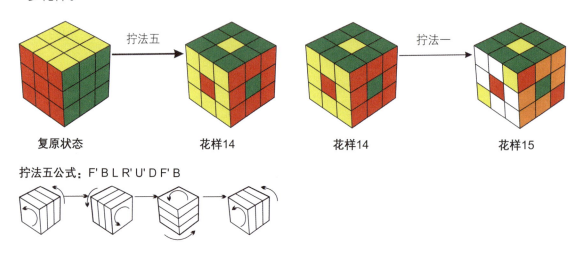

拧法五公式：F' B L R' U' D F' B

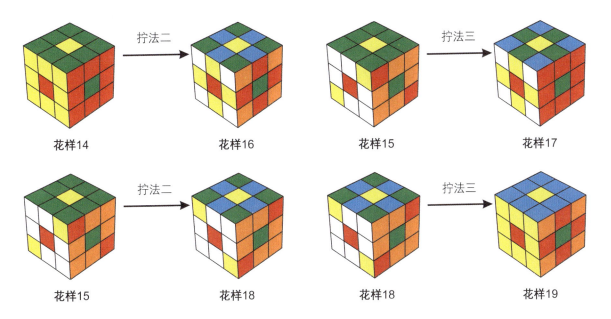

2.4.4 拧法六

首先学习拧法六,然后在花样20的基础上,灵活运用2.4.1中的四种基本拧法,拧出更多花样。

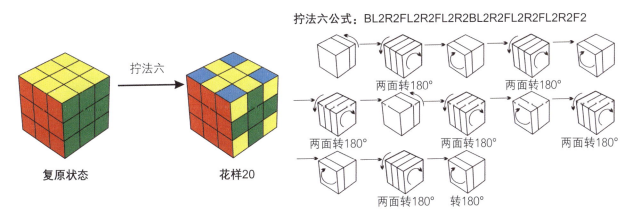

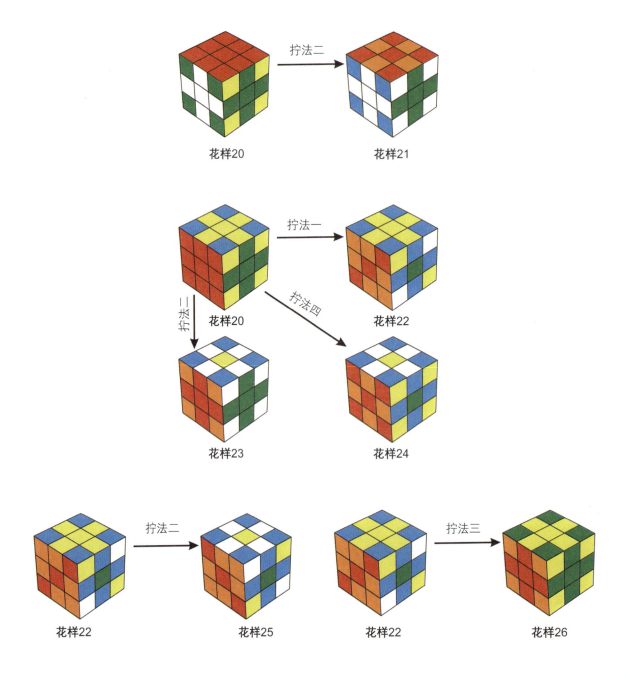

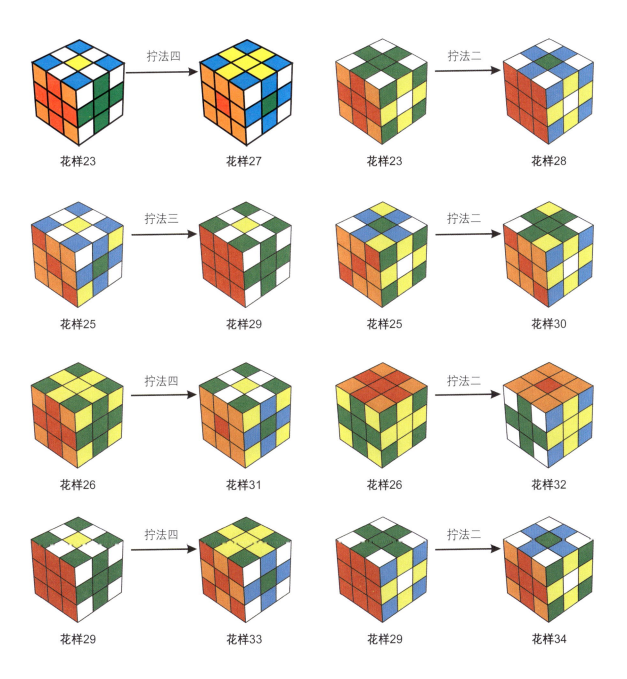

2.4.5　经典花样拓展2

本部分的内容是在花样20的基础上，用拧法六拧出花样35，然后再在花样35的基础上，灵活运用2.4.1中的四种基本拧法，拧出的更多花样。

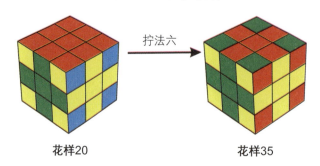

花样35六个面的图案都是十字图案，花样26六个面也都是十字图案。但这是两个不同的花样，因为花样35的任意一对相反的两个面共有四种颜色，而花样26中有一对相反的两个面只有两种颜色。

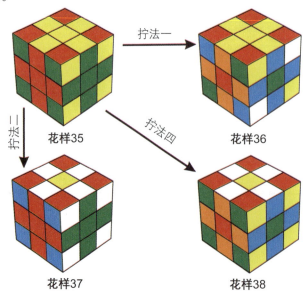

2.4.6 经典花样拓展3

本部分中的花样是在花样39（在花样20的基础上采用拧法五拧出）的基础上，灵活运用2.4.1中的四种基本拧法，拧出的更多花样。

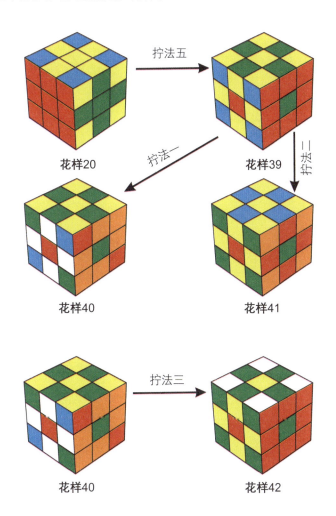

2.4.7 经典花样拓展4

本部分中的花样是在花样43（在花样35的基础上采用拧法五拧出）的基础上，灵活运用2.4.1中的四种基本拧法，拧出的更多花样。

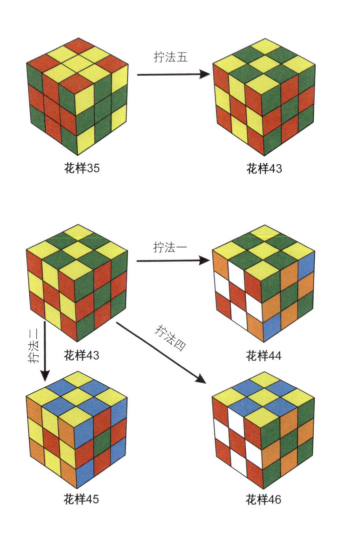

2.4.8 其他花样

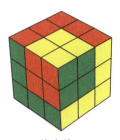

格中格
公式：F L F U' R U F2 L2
U' L' B D' B' L2 U

大中小魔方
公式：U' L' U' F' R2 B' R F U
B2 U B' L U' F U R F'

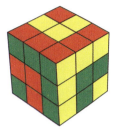

水蟒
公式：L U B' U' R L' B R'
F B' D R D' F'

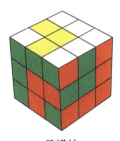

雌蟒蛇
公式：R U' R2 U2 F D2 R2 U'
D' R D' F'

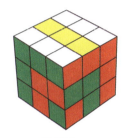

雄蟒蛇
公式：F D R' U D R2 D2
F' U2 R2 U R'

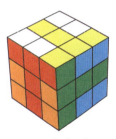

6面"T"形
公式：F2 R2 U2 F' B D2 L2 F B

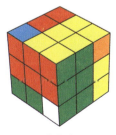

6-2-1
公式：U B2 D2 L B' L' U' L'
B D2 B2

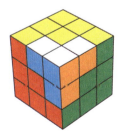

棱角交换
公式：F U2 L F L' B L U B'
R' L' U R' D' F' B R2

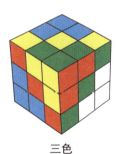

三色
公式：U' D B R' F R B' L' F'
B L F R' B' R F U' D

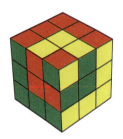

环扣旋转

公式：F D F' D2 L' B' U L D R U L' F' U L U 2

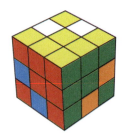

6面鱼形

公式：U B2 U' F' U' D L' D2 L U D' F D' L2B2D'

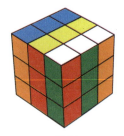

线条

公式：L U F2R L' U2B' U D B2 L F B' R' L F' R

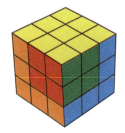

大中有小

公式：L2D2L'D2B2L2B2 L'D2L2B2L'B2

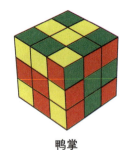

鸭掌

公式：F R'B R U F' L' F' U2 L' U'D2B D' F B' U2

3 玩转多阶魔方速成技巧

3.1 二阶魔方

读到这里，你是否会有疑问：二阶魔方比三阶魔方结构简单，但是并没有放在三阶魔方之前进行讲解，为什么？

这样设置学习顺序，一方面是因为一提到魔方，大多数人的印象就是三阶魔方，魔方玩家也基本都是从三阶魔方入手。另一方面是因为有着27个小正方体的三阶魔方才是拥有"角、棱、中心"三要素的最简模型。二阶魔方虽然只有8个小正方体，但缺乏普遍要素，只是理论上的最简，而不是定义上的最简，因此不具备向高阶魔方推广的意义。这也是本书中把二阶魔方和多阶魔方放在一起的原因。

3.1.1 二阶魔方基础知识

将二阶魔方和三阶魔方相对比可以看到，二阶魔方没有中心块和棱块，只有八个角块。所以我们可以完全按照三阶魔方公式复原二阶魔方，只要把二阶魔方想象成三阶魔方的八个角块，复原的时候省去棱块的步骤就可以了。

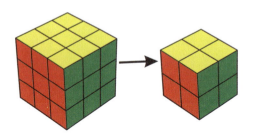

3.1.2 二阶魔方层先法复原

二阶魔方层先法是将魔方分为两层，将底层和顶层分层复原。复原二阶魔方只需要三步。

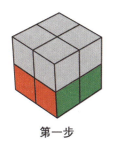
第一步
复原底层

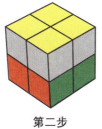
第二步
复原顶面黄色

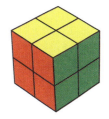
第三步
整体复原

3.1.2.1 第一步：复原底层

顶面有两个白色，但侧面颜色不一样。拧一遍如果侧面还不一样，换另一个白色角块。

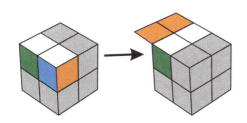

拼第三个白色角块。

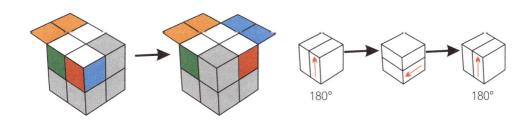

拼第四个白色角块。

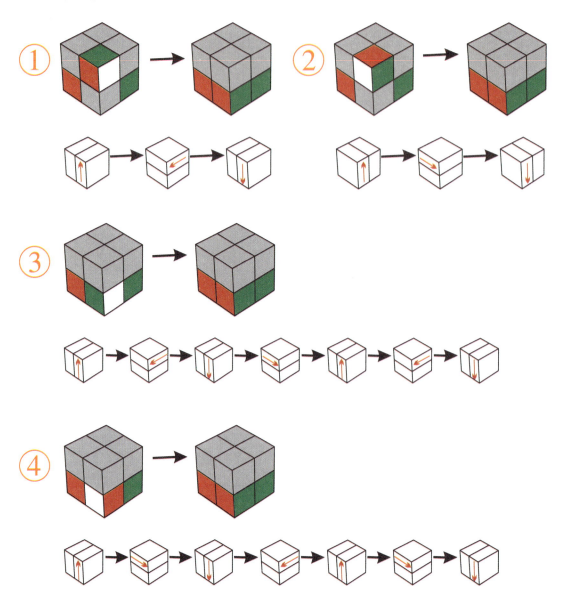

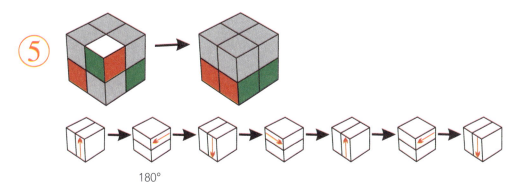

3.1.2.2 第二步：复原顶面黄色

这步与三阶魔方拼顶面黄色是一样的，首先看顶面有几个角块是黄色的，顶面只有一个角块是黄色就是小鱼图案了。

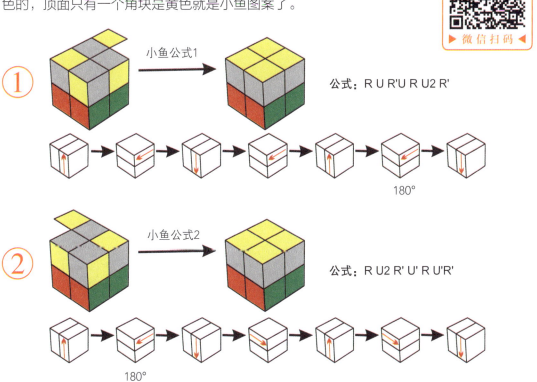

小鱼公式1

公式：R U R' U R U2 R'

小鱼公式2

公式：R U2 R' U' R U'R'

小鱼公式1+小鱼公式1　　　　　　小鱼公式1+小鱼公式1

小鱼公式1+小鱼公式2　　小鱼公式1+小鱼公式2　　小鱼公式1+小鱼公式2

③~⑦这五种情况，都用小鱼公式1做一遍，就会出现小鱼图案。

3.1.2.3　第三步：整体复原

旋转魔方的顶层，看看有没有两个角能正确在自己的位置上，下图中橙色面的两个角块就在正确位置，将橙色面朝向后面。

公式：R'F R'B2 R F'R'B2 R2

如果没有两个角块颜色在正确位置上，也用同样的公式拧，就会出现两个角块颜色在正确位置，然后寻找方向再拧一遍。

3.1.3　二阶魔方面先法复原（提速还原）

第一步直接拼好白色面（不需要拼一层），之后拼黄色面。每个步骤都只用一个公式解决。

拼顶面黄色共有七种情况，小鱼公式1和小鱼公式2在二阶魔方层先法复原里已经学习过，这里不详细讲解，主要学习另外五种情况的处理方法。

▶ 微信扫码 ◀

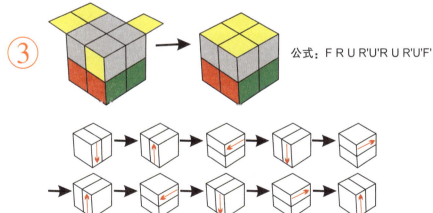

④

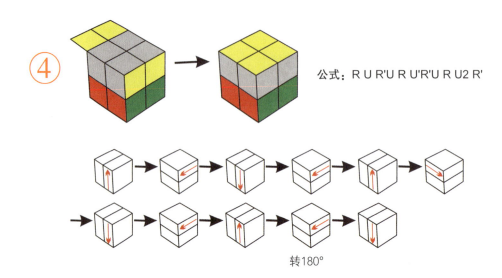

公式：R U R' U R U' R' U R U2 R'

转180°

⑤

公式：F' R U R' U' R' F R

⑥

公式：R U R' U' R' F R F'

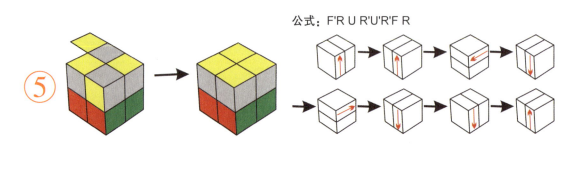
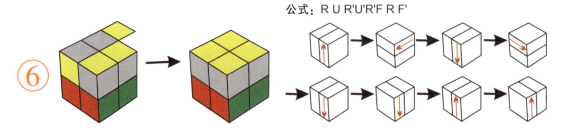

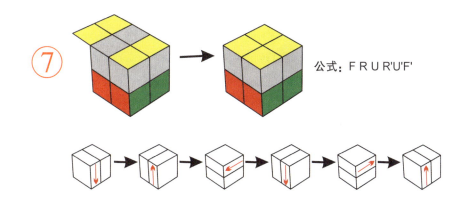

公式：F R U R'U'F'

二阶魔方还原最后一步还会出现五种情况，我们着重根据不同情况给出还原方法。

顶面

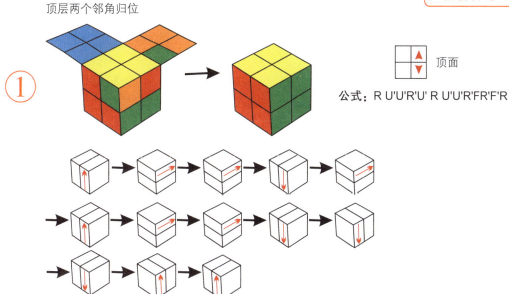

顶层两个邻角归位

公式：R U'U'R'U' R U'U'R'FR'F'R

顶层两个对角归位

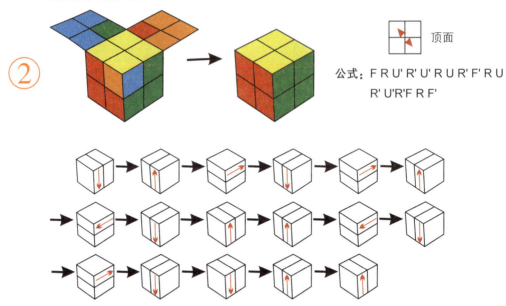

顶面

公式：F R U' R' U' R U R' F' R U R' U' R' F R F'

顶层两个邻角互换，底层两个邻角互换

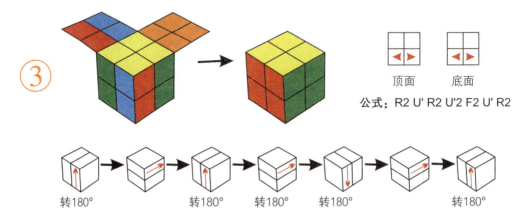

顶面　底面

公式：R2 U' R2 U'2 F2 U' R2

④ 顶层两个邻角互换，底层两个对角互换

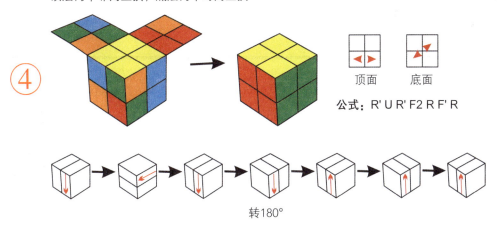

顶面　底面

公式：R' U R' F2 R F' R

⑤ 四面都是竖条

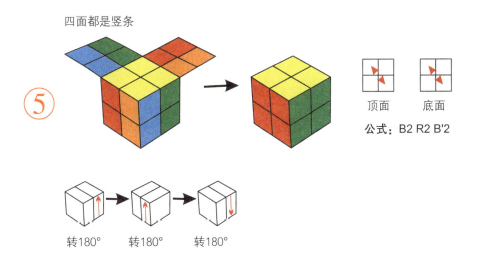

顶面　底面

公式：B2 R2 B'2

3.2 四阶魔方

3.2.1 四阶魔方基础知识

四阶魔方没有固定的中心块，所以复原前必须牢记初始配色：上黄下白；前蓝后绿；左橙右红。

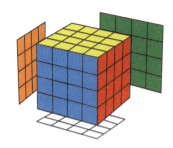

本书中使用的是降阶还原法，也就是把高阶魔方转换成三阶魔方的状态，然后按照三阶魔方的还原方法进行还原。

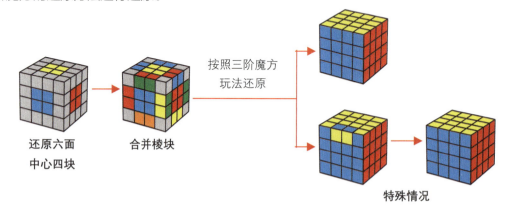

字母说明： 熟知字母和对应的图案，有助于我们后面的学习。

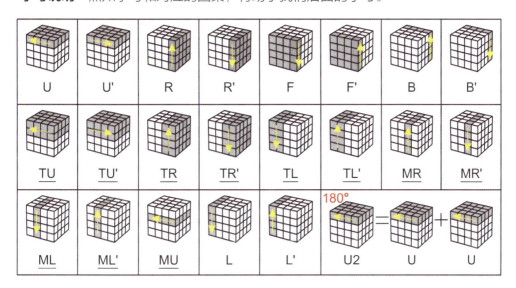

3.2.2 第一步：还原六面中心四块

微信扫码

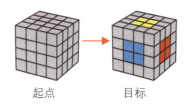

起点　　　目标

灰色代表未复原的部分

拼出三个同色色块，缺少的一个在上面。

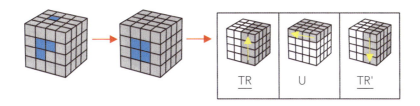

拼出三个同色色块，缺少的一个在后面。

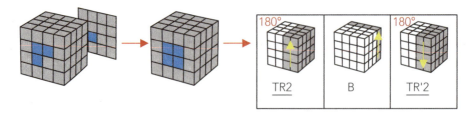

拼出两个同色色块，缺少的两个在上面。

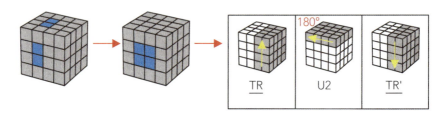

用一种方法就可以拼好六面中心四块，注意每一面的对应颜色不要拼错。

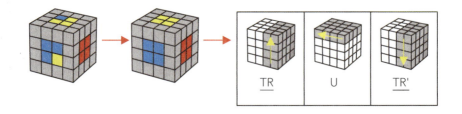

3.2.3 第二步：合并棱块

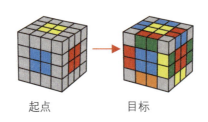

起点　　　目标

先将两个同色棱块拼到同一层。

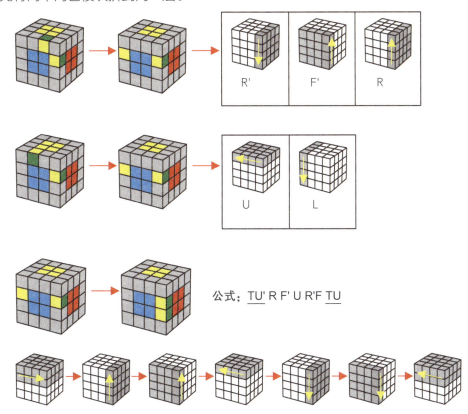

公式：TU' R F' U R'F TU

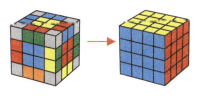

3.2.4 第三步：降阶法还原

按照三阶魔方玩法，将四阶魔方四个中心块当成三阶魔方中心块。

3.2.5 第四步：特殊情况

3.2.5.1 第一种：棱块翻色

有时按照三阶的方法无法复原顶层十字时，可用如下公式。

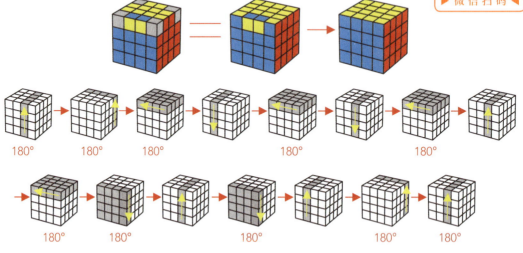

公式：MR2 B2 U2 ML U2 MR' U2 MR U2 F2 MR F2 ML' B2 MR2

3.2.5.2 第二种：对棱换

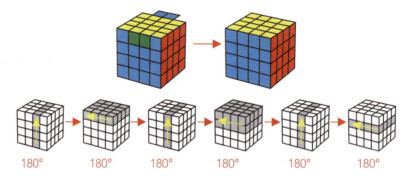

公式：MR2 U2 MR2 TU2 MR2 MU2

3.3 五阶魔方

3.3.1 五阶魔方基础知识

五阶魔方，为5×5×5的立方体结构。五阶魔方总共有8个角块、36个边块（两种类型）和54个中心块（48块可以移动，6块固定）。由于五阶魔方的结构和三阶魔方比较相似，所以可以应用三阶魔方的一部分解法来帮助复原。

▶微信扫码◀

这里我们使用降阶还原法，是指把高阶魔方转换成三阶魔方状态，然后按照三阶魔方的还原方法进行还原，本书的三个基本步骤如下图。

还原六面中心四块　　合并棱块　　降阶还原

字母说明： 熟知字母和对应的图案，有助于我们后面的学习。

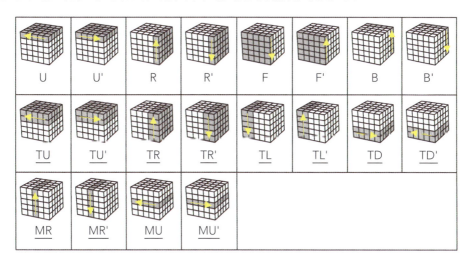

3.3.2 第一步：还原六面中心四块

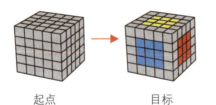

灰色代表未复原的部分

起点　　目标

要拼出中心十字，缺少的一个在上面。

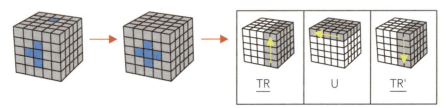

要拼出中心十字，缺少的一个在后面。

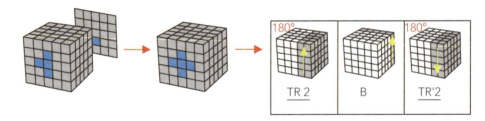

要拼出中心9格的角块，缺少的一个在上面。

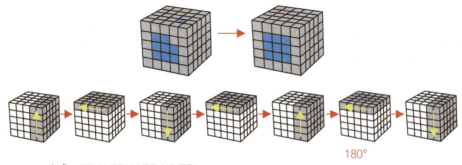

公式：TR U TR' U TR U2 TR'

要拼出中心9格的角块，缺少的一个在后面。

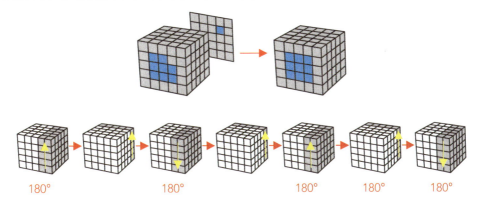

公式：TR2 B TR'2 B TR2 B2 TR'2

3.3.3 第二步：合并棱块

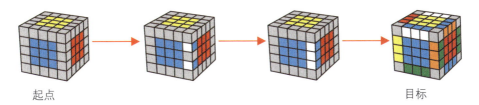

起点　　　　　　　　　　　　　　　　　　　目标

与四阶合并棱块公式相同。

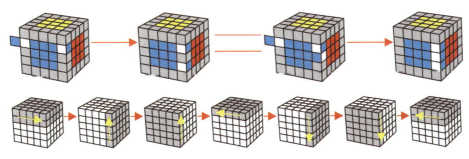

公式：TU' R F' U R' F TU

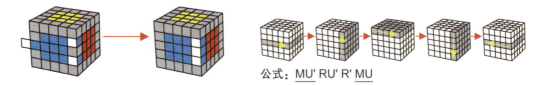

公式：MU' RU' R' MU

最后两组棱块对棱换色。

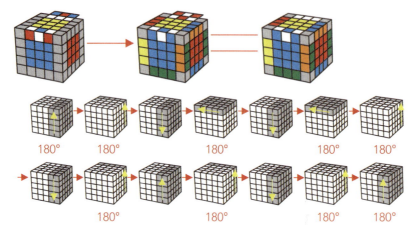

公式：TR2 B2 TR' U2 TR' U2 B2 TR' B2 TR B2 TR' B2 TR2

最后一组棱块翻色，这步公式与四阶棱块翻色公式同理。

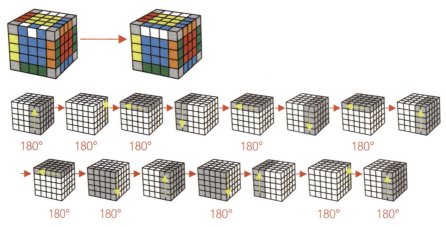

公式：TR2 B2 U2 TL U2 TR' U2 TR U2 F2 TR F2 TL' B2 TR2

最后两组棱块翻色,做两次翻色公式,也可以用下面公式。

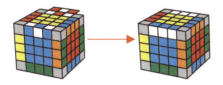

最后两组棱块同时翻色公式。

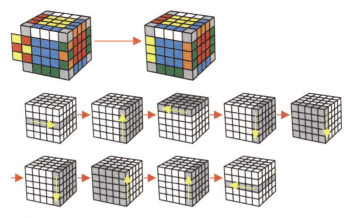

公式:MU' R U R' F R' F' R MU

3.3.4 第三步:降阶还原

用三阶魔方公式还原。

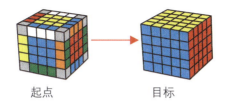

起点　　　目标

3.4 六阶魔方

3.4.1 六阶魔方简介

六阶魔方没有固定的中心块，所以复原前必须牢记初始配色：上黄下白，前蓝后绿，左橙右红。

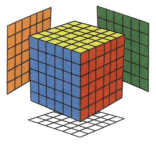

这里我们使用降阶还原法，把高阶魔方转换成三阶魔方状态，然后按照三阶魔方的还原方法进行还原，四个基本步骤如下图。

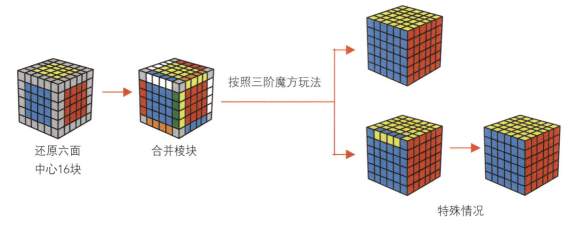

还原六面中心16块　合并棱块　按照三阶魔方玩法　特殊情况

字母说明： 熟知字母和对应的图案，有助于我们后续的学习。六阶魔方和七阶魔方使用的字母说明是一样的，转法参考三阶魔方和四阶魔方即可。

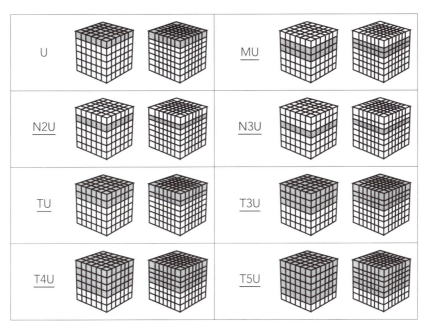

注：魔方其他方向RLFBD的图示与之相似。

3.4.2 第一步：复原六面中心

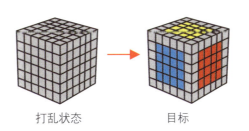

打乱状态　　目标

▶微信扫码◀

这一步只学两个通用公式，目的是把所需要的颜色拼回来，运用前面已经掌握的方法拼回六面，同时注意每个面的对应颜色。

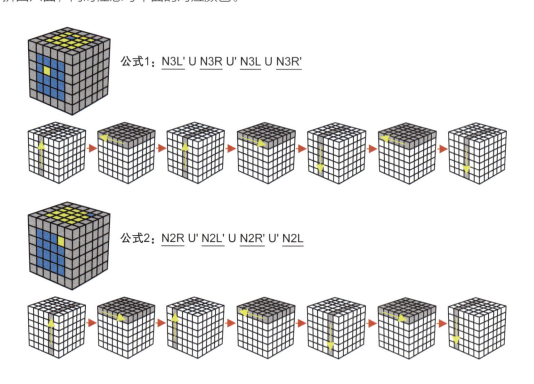

公式1：N3L' U N3R U' N3L U N3R'

公式2：N2R U' N2L' U N2R' U' N2L

3.4.3 第二步：合并棱块

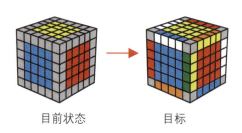

目前状态　　目标

▶微信扫码◀

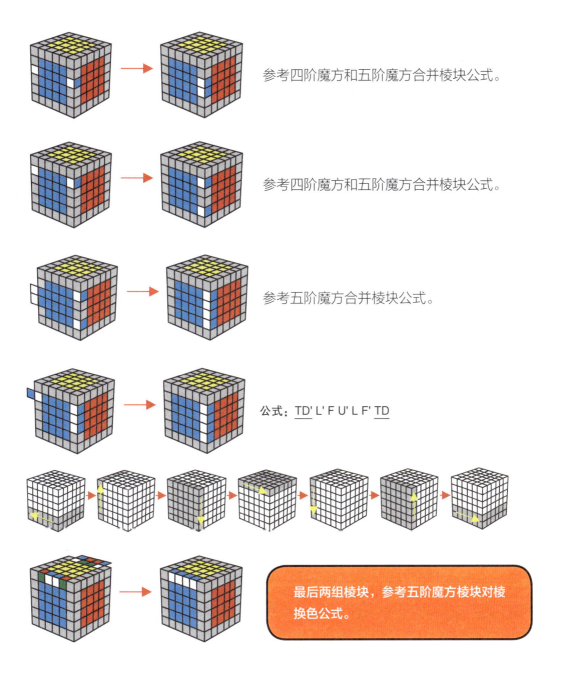

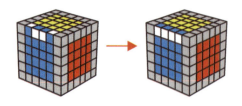
最后一组棱块，参考四阶魔方棱块翻色公式。

3.4.4 第三步：降阶还原

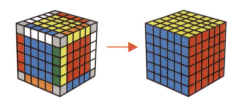
用三阶魔方公式还原。

▶ 微信扫码 ◀

3.4.5 第四步：特殊情况

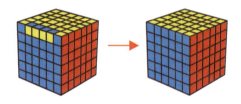
用四阶魔方棱块翻色公式把六阶魔方中间四层当成四阶魔方中间两层来还原。

3.5 七阶魔方

七阶魔方无需学习新公式，参考三阶、四阶、五阶、六阶公式即可复原。

字母说明： 熟知字母和对应的图案，有助于我们后续的学习。六阶魔方和七阶魔方使用的字母说明是一样的，转法参考三阶魔方和四阶魔方即可。

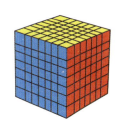

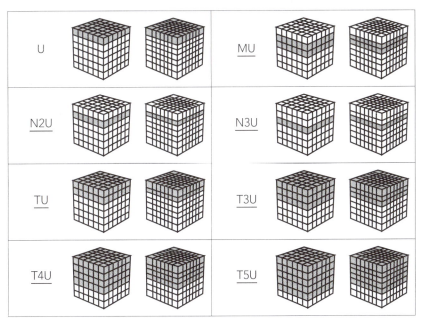

注：魔方其他方向RLFBD的图示与之相似。

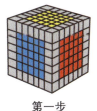

第一步
拼六面中心颜色，用六阶魔方公式拼中心颜色。

第二步　合并棱块
参考四阶、五阶、六阶魔方拼棱块公式。

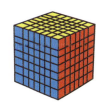

第三步　降阶还原
用三阶魔方公式还原。

4

玩转异型魔方速成技巧

学习各种异型魔方的复原会让我们的眼界更开阔。魔方真是千奇百怪，什么形状都有，大多数异型魔方通过学习和练习也可以快速复原。在这部分的内容学习过后你会发现：很多魔方虽然外形有区别，但结构却是相似的，多数参考类似的公式就能复原，这正是很多魔方玩家所说的一通百通。

这里给大家介绍一些异型魔方，了解更多的魔方是一种观赏也是一种学习。

四叶草魔方

世界最小的魔方
（长宽高都仅有1厘米）

中国结魔方

小狗魔方

罐头魔方

龙魔方

QQ企鹅魔方　　　　　　　地球仪魔方　　　　　　　彩蛋魔方

华纳系列卡通魔方

迪士尼球魔方

大魔头系列搞怪魔方

4.1 金字塔魔方

金字塔魔方有4个外角块、4个内角块和6个边块。通过旋转可以改变其颜色排列。轴旋转块可以旋转后而状态不改变。6个边块则可以自由旋转。4个外角块可以跟随轴旋转块进行旋转，这样就会形成一个只有边块颜色改变的打乱状态。6个边块有时会给魔方复原者造成迷惑，但其状态数没有**二阶魔方**多，也比**二阶魔方**更容易复原，所以不要被其复杂的外表所迷惑。

金字塔魔方属于异型魔方中的四轴类魔方，只有四个面，简单易学。

▶微信扫码◀

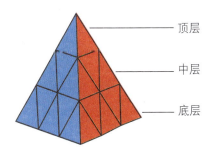

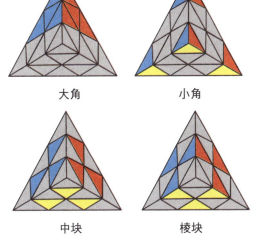

大角　　　小角

中块　　　棱块

4.1.1 第一步：拼小角块

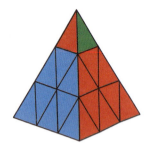
顶层小角块可以直接转回原位

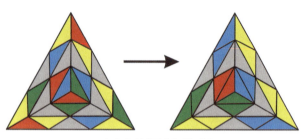
四个小角块通过自转对齐

4.1.2 第二步：拼黄色三角小花

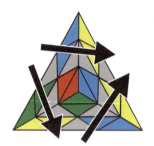 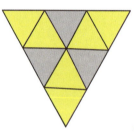

将红绿蓝小角块作为顶角，转动大角块　　底面

4.1.3 第三步：拼黄色底层棱块

首先在中层寻找一个黄色棱块，棱块的另一个颜色与对应颜色的面对齐。

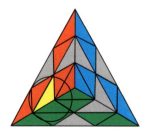 

黄绿棱与绿色面的绿色对齐

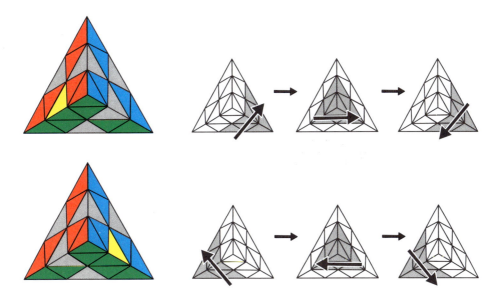

特殊情况：中层棱块没有黄色，黄色棱块在底层。用同样公式旋转成正常情况。

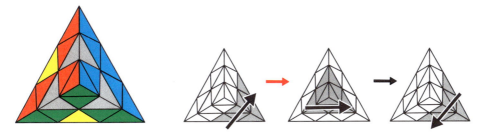

错位情况：用同样公式旋转成正常情况。

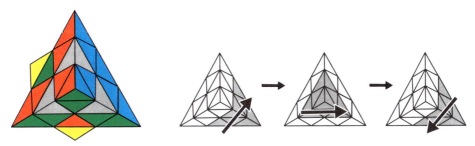

4.1.4 第四步：整体复原

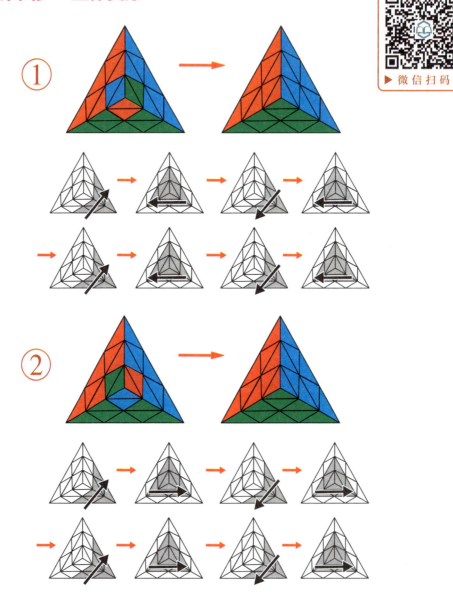

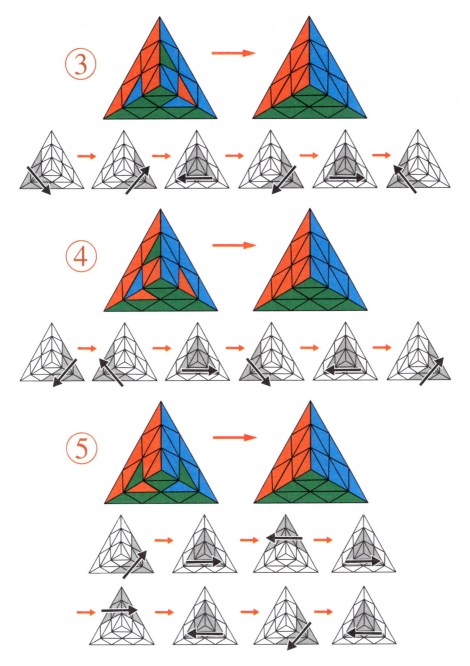

4.2 枫叶魔方

枫叶魔方是一款六面正方体魔方，每个面有一个像树叶的块，因此叫枫叶魔方。枫叶魔方是四轴类魔方，包含4个角块和6个叶子，结构简单，每个角块转动可带动三面叶子的位置变换，叶子能在半圆之间移动。

枫叶魔方没有中心块，需要按照国际标准配色顺序来还原。

微信扫码

上黄　下白
前蓝　后绿
左橙　右红

4.2.1 第一步：拼白色底面

拼出白色面。
灰色部分为乱序。

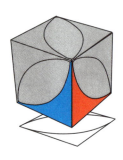

4.2.2 第二步：拼黄色顶面角块

拼出黄色顶面角块。

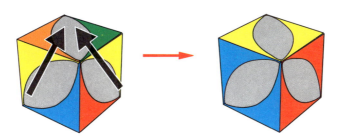

4.2.3 第三步：整体复原

两种情况三个叶片需要互换。用同样的公式先将黄色面做好。

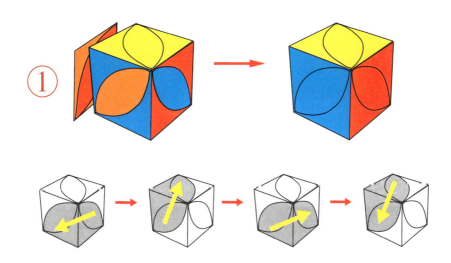

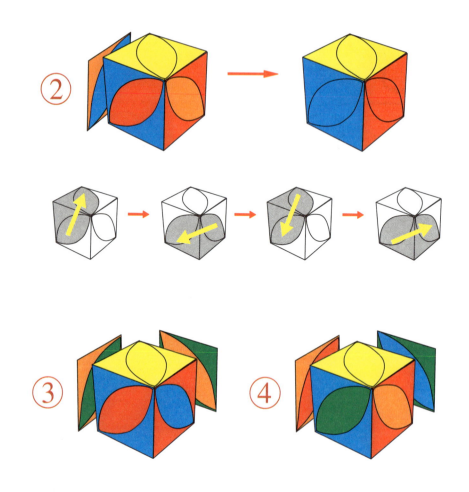

③与④两种情况四面叶片需要互换，用以上任意一种公式就可变成三面互换。

4.3 斜转魔方

斜转魔方不同于普通魔方的架构，它的旋转轴穿过立方体的每个角，而不是每个面的中心。斜转魔方一共有四个轴，每个轴是一个立体对角线。因此，每个转动的动作都会影响到六个面。

斜转魔方复原基本步骤如下。

▶ 微信扫码 ◀

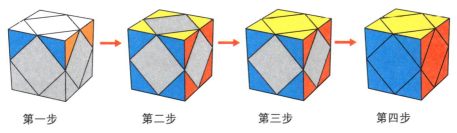

第一步　　第二步　　第三步　　第四步

4.3.1 第一步

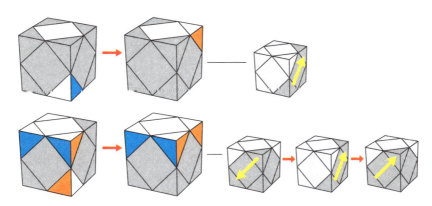

4.3.2 第二步

情况一: 底面角块没有黄色。

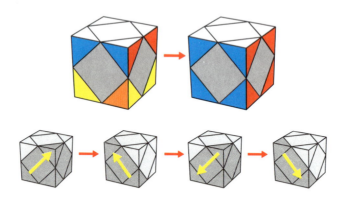

情况二: 底面有两个角块黄色。

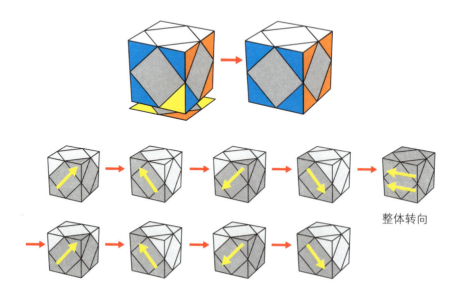

4.3.3 第三步

黄色角块朝前,黄色中心块放在下方,复原黄色面。

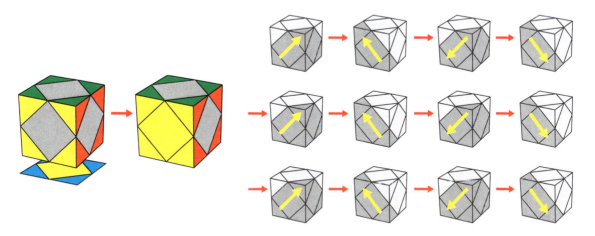

4.3.4 第四步

情况一: 三个中心颜色互换。

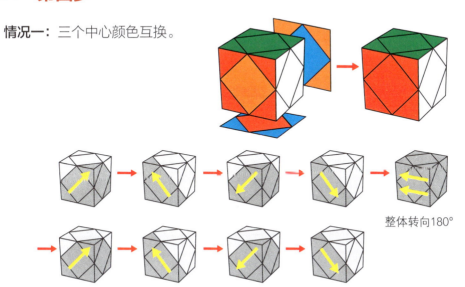

整体转向180°

情况二：四个中心颜色互换。

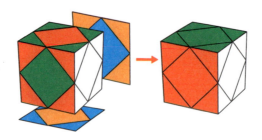

用情况一的公式做一次就会出现情况一的状态，寻找方向再做一次。

4.4 223魔方

223魔方是一款不标准的正阶魔方，比二阶魔方多一层。223魔方没有中心块，只有8个角块和4个棱块。由于结构的原因，其四个侧面只能转动180°而无法转动90°，这就导致上下两面颜色总是相对的。解法也不能按照二阶魔方来复原，需要一些独有的复原公式。

223魔方复原基本步骤。

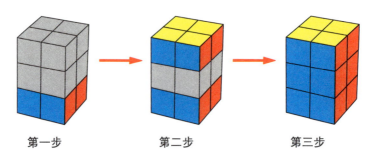

第一步　　　　　第二步　　　　　第三步

4.4.1 第一步：复原白色底层

▶微信扫码◀

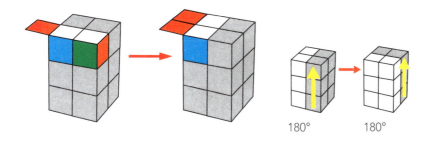

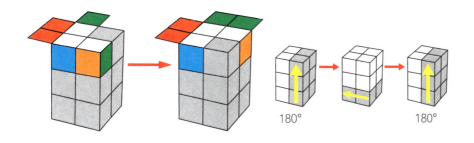

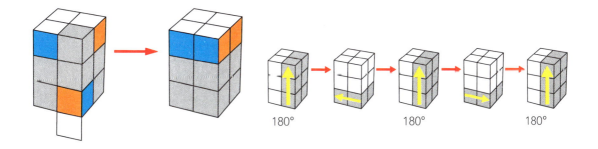

4.4.2 第二步：复原黄色顶层

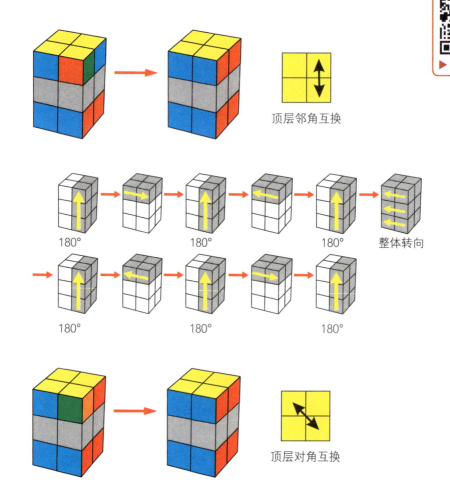

用上面的邻角互换公式做一次就会出现邻角互换的状态，寻找方向再做一次。

4.4.3　第三步：调整中间层

▶微信扫码◀

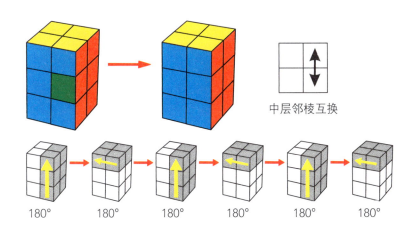

中层邻棱互换

如果中层出现的不是邻棱互换情况，也用同样的公式，多拧几次就会出现邻棱互换情况。

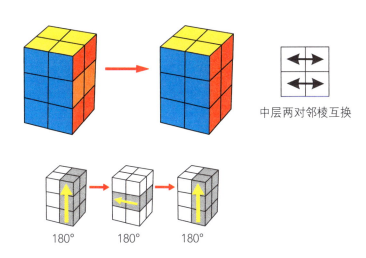

中层两对邻棱互换

4.5 233魔方

233魔方是一款不标准的正阶魔方,比三阶魔方少一层。233魔方只有两个中心块、8个角块和8个棱块。由于结构的原因,其四个侧面只能转动180°而无法转动90°,这就导致上下两面颜色总是相对的。解法也不能按照三阶魔方来复原,需要一些独有的复原公式。

233魔方复原基本步骤如下。

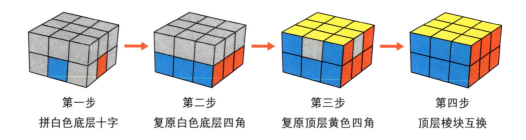

第一步 拼白色底层十字　　第二步 复原白色底层四角　　第三步 复原顶层黄色四角　　第四步 顶层棱块互换

4.5.1 第一步:拼白色底层十字

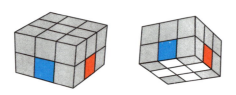

▶微信扫码◀

第一步很简单,自己动脑就可以拼出标准的白色底层十字。

4.5.2 第二步：复原白色底层四角

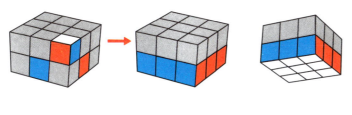

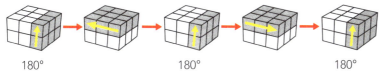

4.5.3 第三步：复原顶层黄色四角

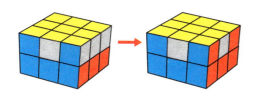

两个正确的角块放在前方。

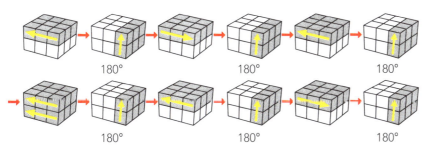

如果没有两个正确的角块，同样用这个公式拧一次就会出现两个正确的角块。

4.5.4 第四步：顶层棱块互换

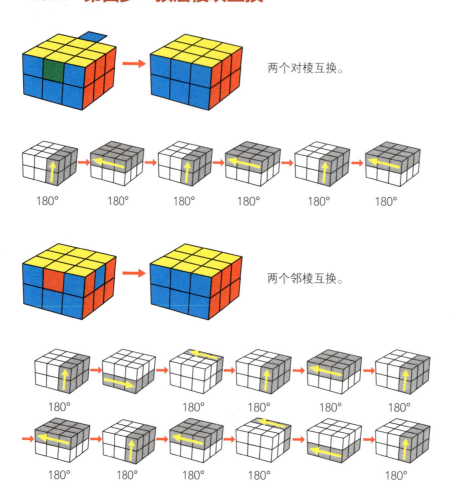

两个对棱互换。

两个邻棱互换。

其他情况都用以上两种公式解决。

4.6 SQ1魔方

SQ1魔方属于正方体异型魔方，是一款两极类魔方，和三阶魔方完全不同，没有中心块，而且能拧成任意的形状。SQ1魔方的复原面临着双重困难：初始形状的复原和色块的复原。它的难度主要在于上下两个极面的方块被切割成了可以转动30°的小块，从而可以产生不同于原始方方正正的状态。一般来说，如果能在SQ1魔方的两种经典状态之间任意转换，就证明已经基本掌握了SQ1魔方的复原方法。

SQ1魔方分为三层。顶层和底层都有风筝块和三角块，它们也被称为角块和边块。整个魔方总共有8个角块、8个边块和2个中层块。相对于中层来讲，角块为60°，边块为30°。

▶ 微信扫码 ◀

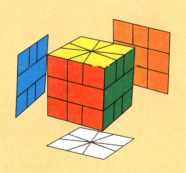

SQ1魔方配色：

上面　黄色；下面　白色；
前面　红色；后面　橙色；
左面　蓝色；右面　绿色。

4.6.1 SQ1魔方部件名称

30°的棱块　　　　60°的角块　　　　右层　　　　中层

4.6.2 符号说明

 0表示不转动

 1表示1×30°=30°
相当于转动一个棱块的位置

 2表示2×30°=60°
相当于转动一个角块的位置

 3表示3×30°=90°
相当于转动一个棱块加一个角块的位置

 —表示逆时针旋转

 /表示右层旋转180°

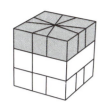
（1，2）
左边的数字表示上层旋转

（1，2）
右边的数字表示下层旋转

举例：（1，2）/（-3，-4）表示

上层顺时针旋转30°，下层顺时针旋转60°，右层旋转180。
上层逆时针旋转90°，下层逆时针旋转120°。

4.6.3　SQ1魔方复原思路

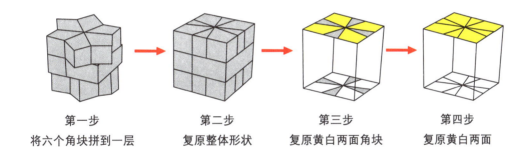

第一步　将六个角块拼到一层
第二步　复原整体形状
第三步　复原黄白两面角块
第四步　复原黄白两面

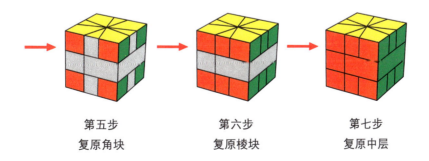

第五步　复原角块
第六步　复原棱块
第七步　复原中层

正确

错误

特别注意

在SQ1魔方的复原过程中，必须一直保持中层短的灰色块靠左。

4.6.3.1 第一步：将六个角块拼到一层

打乱状态 → 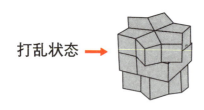 这一步没有公式，需要自己动脑完成。

4.6.3.2 第二步：复原整体形状

六个角块这层放在下层会出现如下五种情况。

① 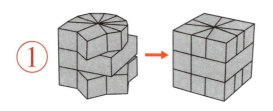 公式：/(2,4)/(-2,-1)/(3,3)/

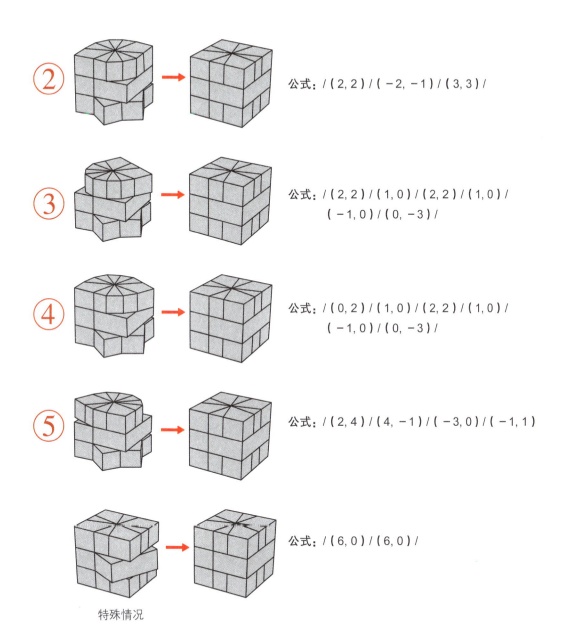

② 公式：/(2,2)/(-2,-1)/(3,3)/

③ 公式：/(2,2)/(1,0)/(2,2)/(1,0)/(-1,0)/(0,-3)/

④ 公式：/(0,2)/(1,0)/(2,2)/(1,0)/(-1,0)/(0,-3)/

⑤ 公式：/(2,4)/(4,-1)/(-3,0)/(-1,1)/

特殊情况　　公式：/(6,0)/(6,0)/

4.6.3.3　第三步：复原黄白两面角块

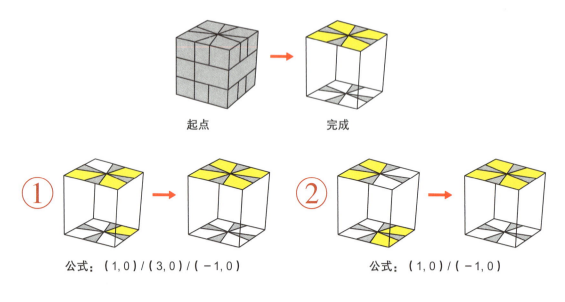

公式：(1,0)/(3,0)/(-1,0)　　　　公式：(1,0)/(-1,0)

参考以上两种公式完成这一步。

4.6.3.4　第四步：复原黄白两面

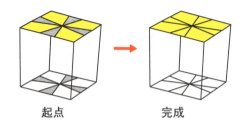

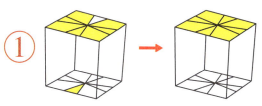

公式：(0,-1)/(-3,0)/(4,1)/
(-4,-1)/(3,0)/(0,1)

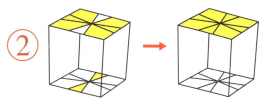

公式：(1,0)/(-1,-1)/(0,1)

参考以上两种公式完成这一步。

4.6.3.5 第五步：复原角块

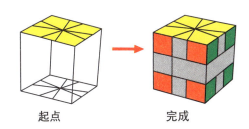

起点　　　完成

上层　　下层

①  上层相邻角块互换
公式：/(3,-3)/(3,0)/(-3,0)/(0,3)/(-3,0)/(3,0)

②   上层相对角块互换
公式：/(3,3)/(3,0)/(3,3)/(3,0)/(3,3)/(3,0)

下层相邻角块互换
公式：/（3，-3）/（0，3）/（-3，0）/（3，0）/（-3，0）/（0，3）

下层相对角块互换
公式：/（3，3）/（0，3）/（3，3）/（0，3）/（3，3）/（0，3）

上下层邻角互换
公式：/（-3，0）/（3，3）/（0，-3）/

上层邻角互换，下层对角互换
公式：/（0，3）/（0，-3）/（0，3）/（0，-3）/

上层对角互换，下层邻角互换
公式：/（3，0）/（-3，0）/（3，0）/（-3，0）/

上下层相对角互换
公式：/（3，3）/（6，0）/（-3，-3）/

4.6.3.6 第六步：复原棱块

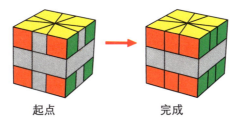

起点 → 完成

① 公式：/(-3,0)/(0,3)/(0,-3)/(0,3)/(2,0)/(0,2)/
(-2,0)/(4,0)/(0,-2)/(0,2)/(-1,4)/(0,-3)/
(0,3)

② 公式：(1,0)/(0,3)/(-1,-1)/(1,-2)/(-1,0)

③ 公式：(1,0)/(5,-1)/(-5,1)/(5,0)

④ 公式：(1,0)/(0,-1)/(0,-3)/(5,0)/(-5,0)/(0,3)/
(0,1)/(5,0)

⑤ 公式：(1,0)/(3,0)/(-3,0)/(2,-1)/(1,1)/(-3,0)/
(3,0)/(-3,0)/(-1,0)

4.6.3.7 第七步：复原中层

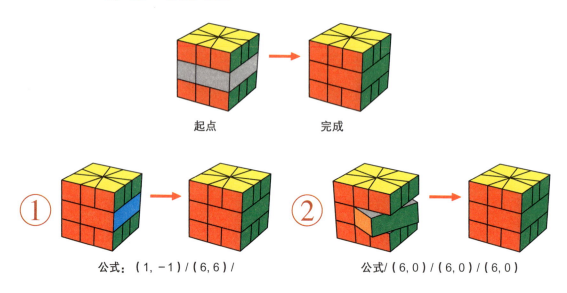

4.7 五魔方

五魔方是十二面体的结构，总共有12个中心块、20个角块和30个边块。每个中心都有一种颜色。边块有两种颜色，角块有三种颜色。每个面上都有中心块1个、角块5个、边块5个。

尽管五魔方的外表看起来非常复杂，并且有比三阶魔方多得多的可移动部分，其实它的解法并不比普通魔方难很多。五魔方用以旋转的中

▶微信扫码◀

间层可以类比三阶魔方的中间层。很多五魔方的解法都是从三阶魔方总结出来的。

五魔方复原的方法，除最后一层外，前面的步骤与三阶魔方还原步骤相似，大家可以参考三阶魔方复原到最后一层，如果不能自己完成再学习此部分的内容。

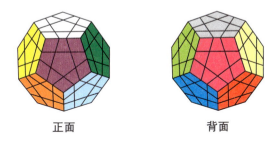

正面　　　　　　　　背面

4.7.1 字母说明

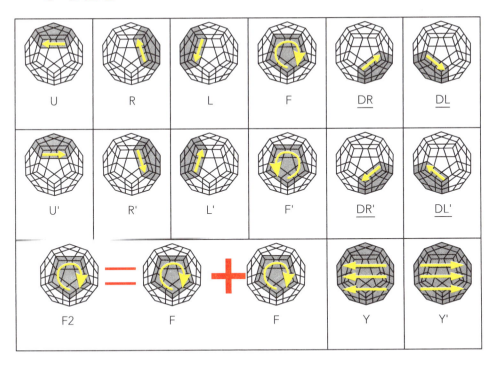

4.7.2 五魔方复原步骤

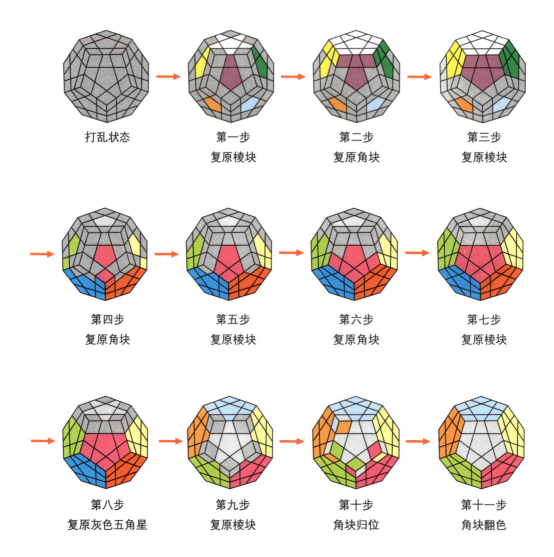

4.7.2.1 第一步：复原棱块

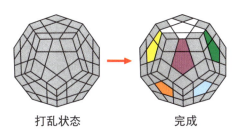

打乱状态　　完成

将带有白色的棱块拧到白色层的位置，如两面颜色不对则用以下公式。

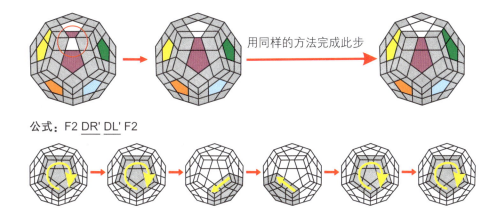

公式：F2 DR' DL' F2

4.7.2.2 第二步：复原角块

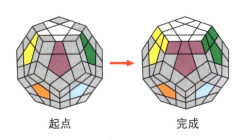

起点　　完成

将白色角块转到对应位置。

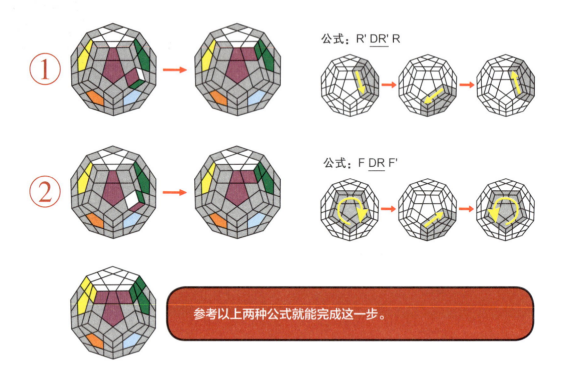

4.7.2.3 第三步：复原棱块

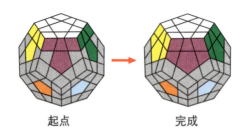

起点　　　完成

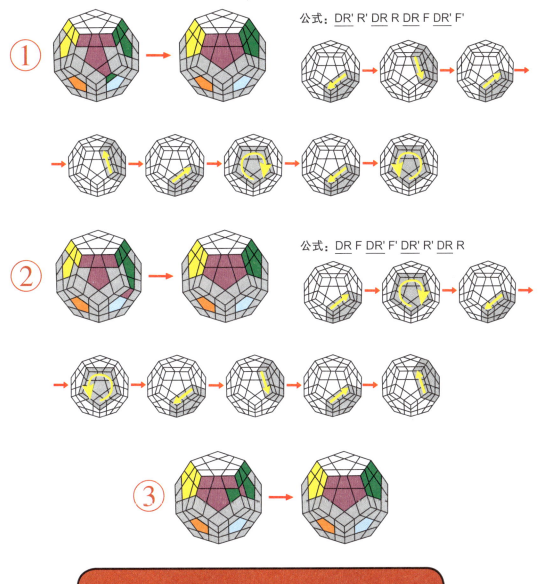

公式：DR' R' DR R DR F DR' F'

公式：DR F DR' F' DR' R' DR R

特殊情况：用以上任意公式做一遍就可替换出来。

玩转异型魔方速成技巧

4.7.2.4 第四步：复原角块

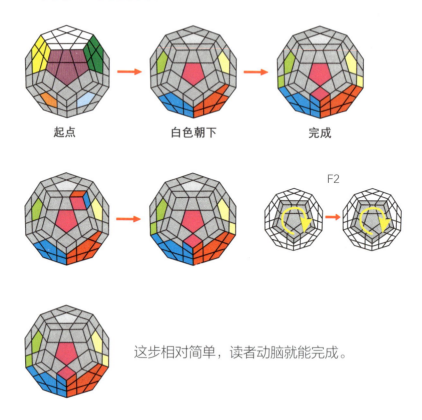

这步相对简单，读者动脑就能完成。

4.7.2.5 第五步：复原棱块

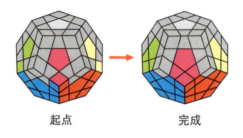

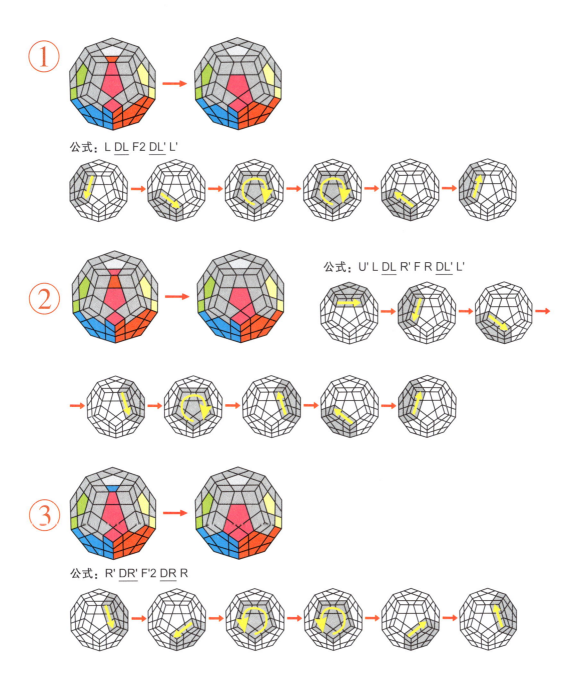

④

公式：U R' DR' L F' L' DR R

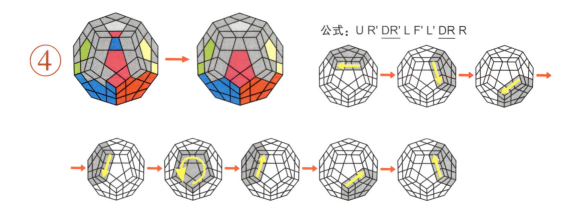

4.7.2.6 第六步：复原角块

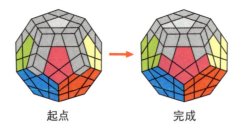

起点　　　完成

这步与三阶魔方拼底层角块一样，参考以下两种公式即可。

① 公式：R U R'

② 公式：L' U' L

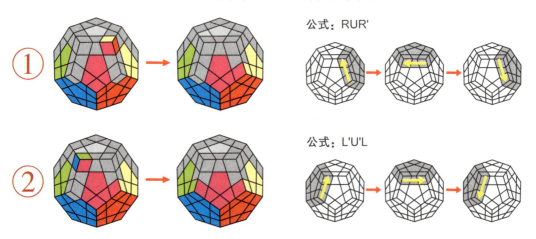

4.7.2.7 第七步：复原棱块

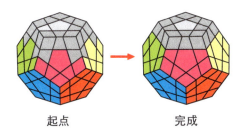

起点　　　完成

这步与三阶魔方拼中层棱块一样，参考以下两种公式即可。

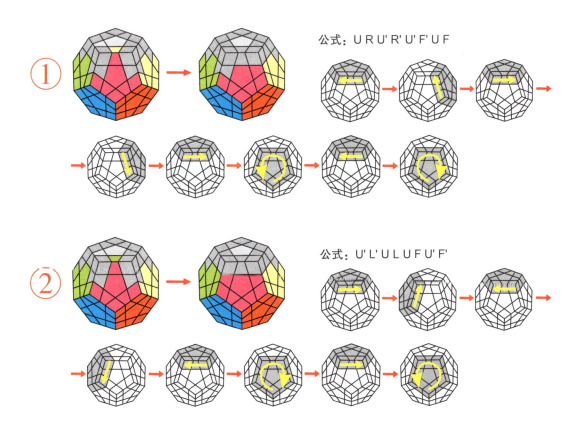

公式：U R U' R' U' F' U F

公式：U' L' U L U F U' F'

4.7.2.8 第八步：复原灰色五角星

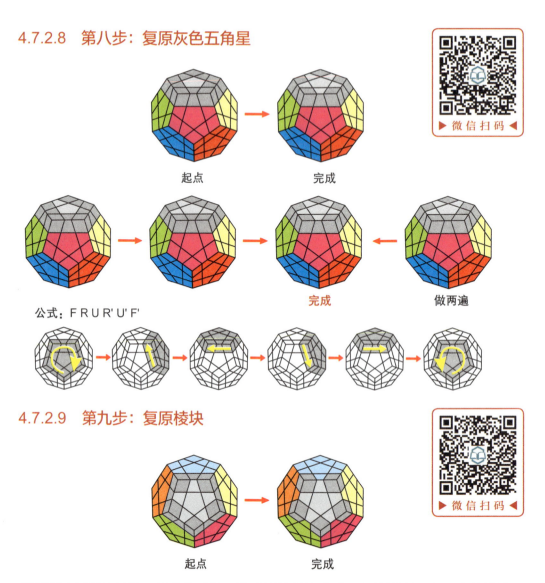

公式：F R U R' U' F'

4.7.2.9 第九步：复原棱块

找到两个正确的棱块，用此公式做一遍或两遍即可完成，如果没有两个正确的棱块，用此公式也可以转出两个正确的棱块。

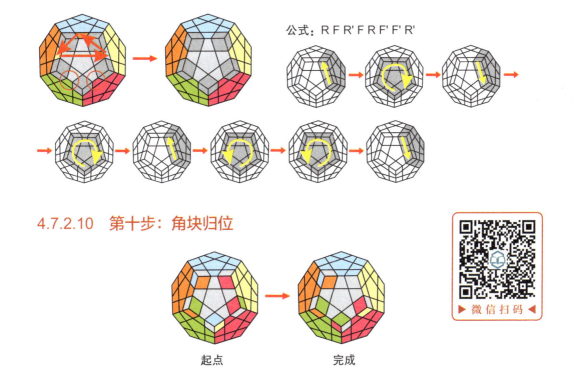

4.7.2.10 第十步：角块归位

找到两个正确的角块，颜色可以不对，位置对就可以，用此公式做一遍或两遍即可完成此步，如果没有两个正确的角块，用此公式也可以转出两个正确的角块。

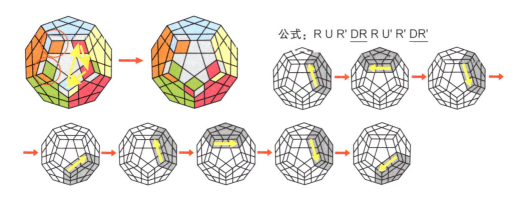

4.7.2.11 第十一步：角块翻色

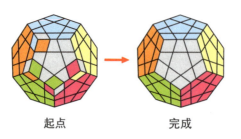

微信扫码

魔方整体不要动，每个角块逐个翻色，首先翻色的是最下方的角块，操作完之后，转动F面将另一个需要翻色的角块转到下方角块位置，再进行翻色。角块灰色面在右面用公式一，角块灰色面在左面用公式二。无论有几个角块需要翻色，都采用以下两种公式完成。注意，刚翻色一个角块时，底下的块可能会有几个变乱，但魔方整体不要动。按照原定计划操作进行下一个角块翻色，当所有角块翻色完成，底下的块也会自然复原。

公式一：DL' DR DL DR' DL' DR DL DR'

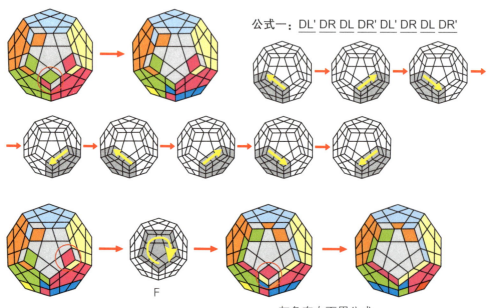

灰色在右面用公式一

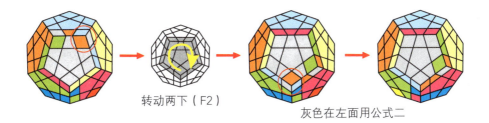

公式二：DR DL' DR' DL DR DL' DR' DL

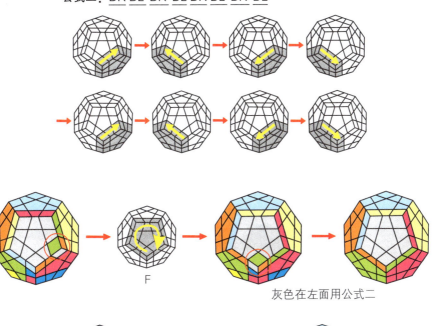

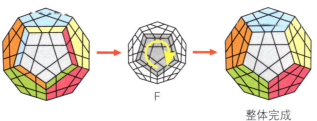

玩转异型魔方速成技巧

4.8 三阶镜面魔方

三阶镜面魔方结构与三阶魔方类似，所以在学习三阶镜面魔方之前一定要先学会三阶魔方的复原方法。镜面魔方复原的是形状，三阶魔方复原的是颜色。所有复原过程都是对应三阶魔方来进行的，图中蓝色部分代表已复原的部分。

▶ 微信扫码 ◀

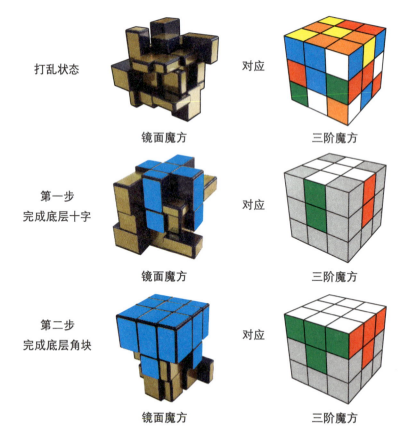

打乱状态　　镜面魔方　　对应　　三阶魔方

第一步
完成底层十字　　镜面魔方　　对应　　三阶魔方

第二步
完成底层角块　　镜面魔方　　对应　　三阶魔方

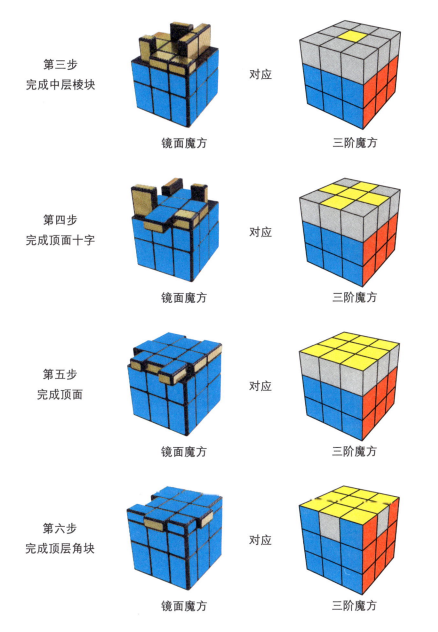

第三步
完成中层棱块 　　　对应

镜面魔方　　　　　　　　三阶魔方

第四步
完成顶面十字　　　对应

镜面魔方　　　　　　　　三阶魔方

第五步
完成顶面　　　　　对应

镜面魔方　　　　　　　　三阶魔方

第六步
完成顶层角块　　　对应

镜面魔方　　　　　　　　三阶魔方

玩转异型魔方速成技巧

第七步
完成顶层棱块

镜面魔方

对应

三阶魔方

4.9 三阶粽子魔方

三阶粽子魔方结构与三阶魔方类似，所以在学习三阶粽子魔方之前一定要先学会三阶魔方的复原方法。三阶粽子魔方形状复杂，学习过程中需要仔细辨认三阶粽子魔方棱块、角块、中心块的形状以及要还原的位置。

▶微信扫码◀

4.9.1 三阶粽子魔方的部位名称和层数

三阶粽子魔方对应三阶魔方部位的名称。

 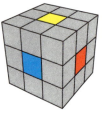

中心块

棱块

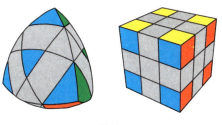

角块

三阶粽子魔方的层数对应三阶魔方层数。

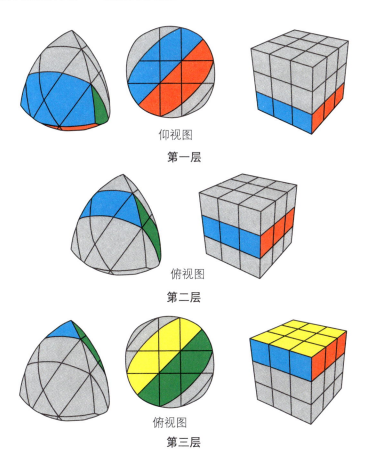

仰视图

第一层

俯视图

第二层

俯视图

第三层

4.9.2 三阶粽子魔方的还原步骤

目标

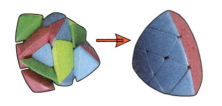

对应三阶
魔方状态

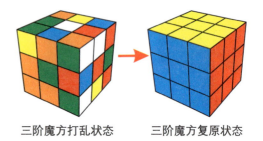

三阶魔方打乱状态　　三阶魔方复原状态

第一步：还原第一层十字

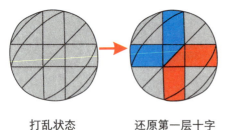

打乱状态　　还原第一层十字

对应三阶
魔方状态

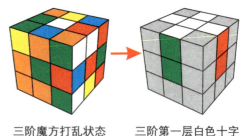

三阶魔方打乱状态　　三阶第一层白色十字

第二步：还原第一层四个角块

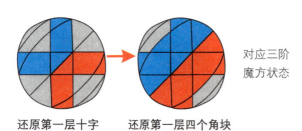

还原第一层十字　　还原第一层四个角块

对应三阶
魔方状态

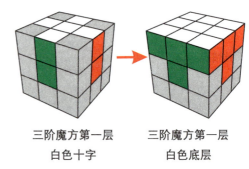

三阶魔方第一层
白色十字

三阶魔方第一层
白色底层

第三步：还原第二层四个棱块

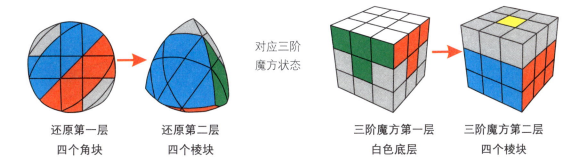

第四步：还原第三层十字棱块

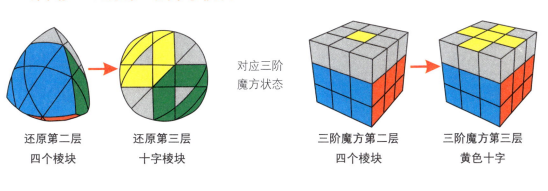

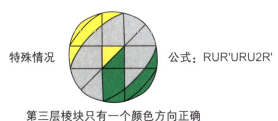

公式：RUR'URU2R'

第三层棱块只有一个颜色方向正确

这步可能一个公式不能完成，遇到什么情况用什么公式多拧几次即可。

第五步：角块归位

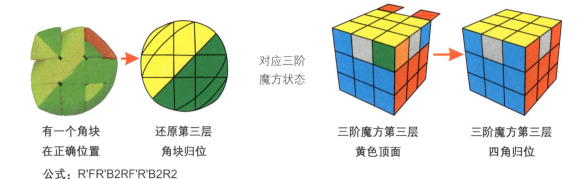

有一个角块在正确位置 → 还原第三层角块归位

对应三阶魔方状态

三阶魔方第三层黄色顶面 → 三阶魔方第三层四角归位

公式：R'FR'B2RF R'B2R2

第六步：角块翻色

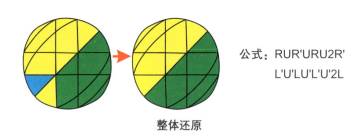

→ 整体还原

公式：RUR'URU2R' L'U'LUL'U'2L

特殊情况：调整中心块朝向

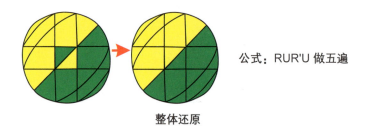

→ 整体还原

公式：RUR'U 做五遍

5 高阶魔方拼字玩法

5.1 高阶魔方拼字玩法

七阶以上的魔方都适合拼字，我们以七阶魔方为例，拼字的方法都是一样的，阶数越高的魔方能拼出的字越复杂。

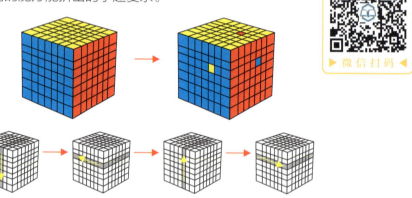

以上就是拼字的公式，很简单，图中只以一个小色块为例，需要哪个色块就用同样的公式拼对应的色块，在同一层可以多个色块一起拼。

以多个色块一起拼出一个"王"字作为操作练习。

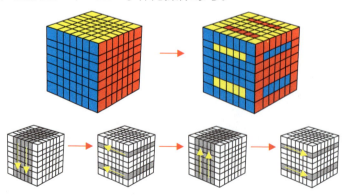

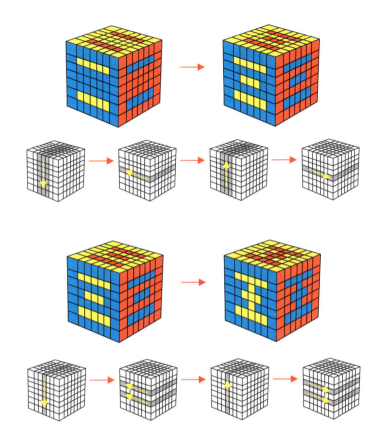

如果魔方的格子不够就需要借助边层，例如我们要拼"丰"字，上下都要借助两边这层，这种情况只能保证一面是标准的字。

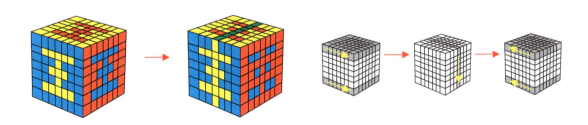

高阶魔方拼字玩法 5

5.2 高阶魔方拼百家姓

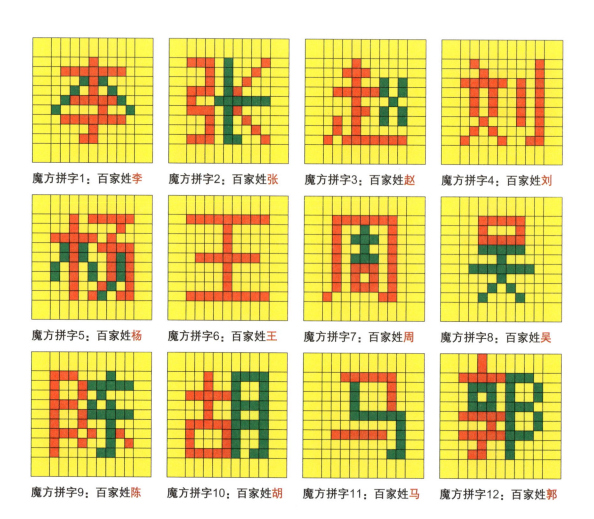

魔方拼字1：百家姓李　　魔方拼字2：百家姓张　　魔方拼字3：百家姓赵　　魔方拼字4：百家姓刘

魔方拼字5：百家姓杨　　魔方拼字6：百家姓王　　魔方拼字7：百家姓周　　魔方拼字8：百家姓吴

魔方拼字9：百家姓陈　　魔方拼字10：百家姓胡　　魔方拼字11：百家姓马　　魔方拼字12：百家姓郭

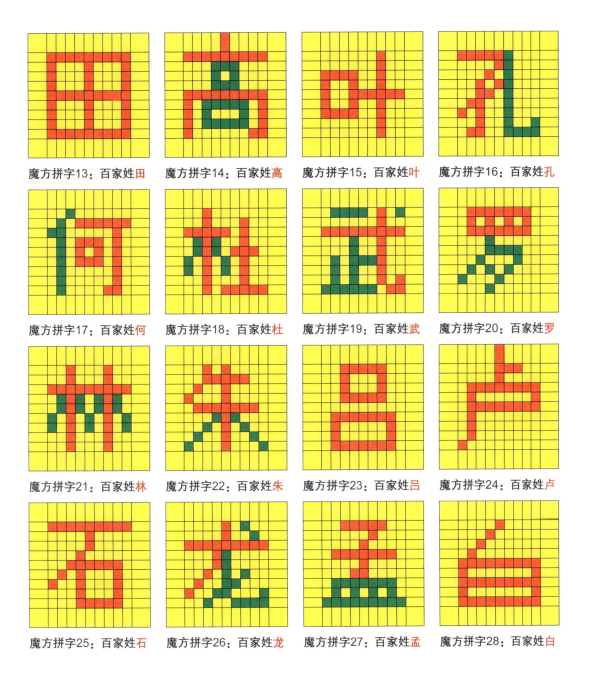

魔方拼字13：百家姓田　魔方拼字14：百家姓高　魔方拼字15：百家姓叶　魔方拼字16：百家姓孔

魔方拼字17：百家姓何　魔方拼字18：百家姓杜　魔方拼字19：百家姓武　魔方拼字20：百家姓罗

魔方拼字21：百家姓林　魔方拼字22：百家姓朱　魔方拼字23：百家姓吕　魔方拼字24：百家姓卢

魔方拼字25：百家姓石　魔方拼字26：百家姓龙　魔方拼字27：百家姓孟　魔方拼字28：百家姓白

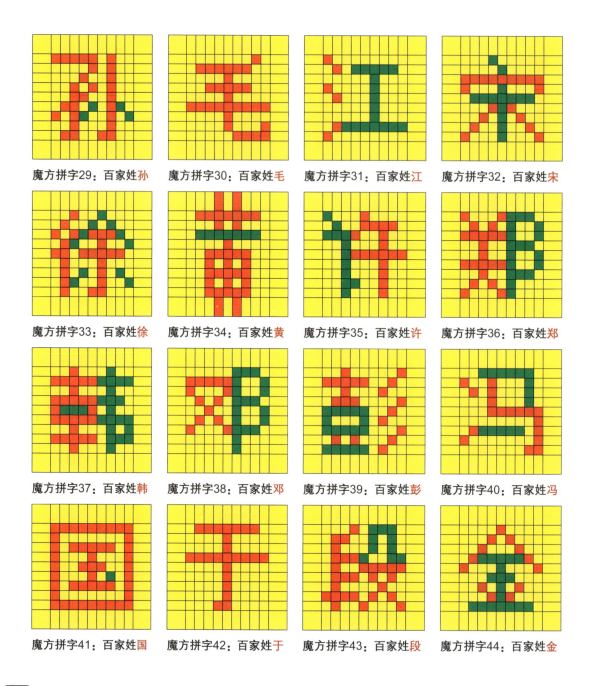

魔方拼字29：百家姓孙　　魔方拼字30：百家姓毛　　魔方拼字31：百家姓江　　魔方拼字32：百家姓宋

魔方拼字33：百家姓徐　　魔方拼字34：百家姓黄　　魔方拼字35：百家姓许　　魔方拼字36：百家姓郑

魔方拼字37：百家姓韩　　魔方拼字38：百家姓邓　　魔方拼字39：百家姓彭　　魔方拼字40：百家姓冯

魔方拼字41：百家姓国　　魔方拼字42：百家姓于　　魔方拼字43：百家姓段　　魔方拼字44：百家姓金

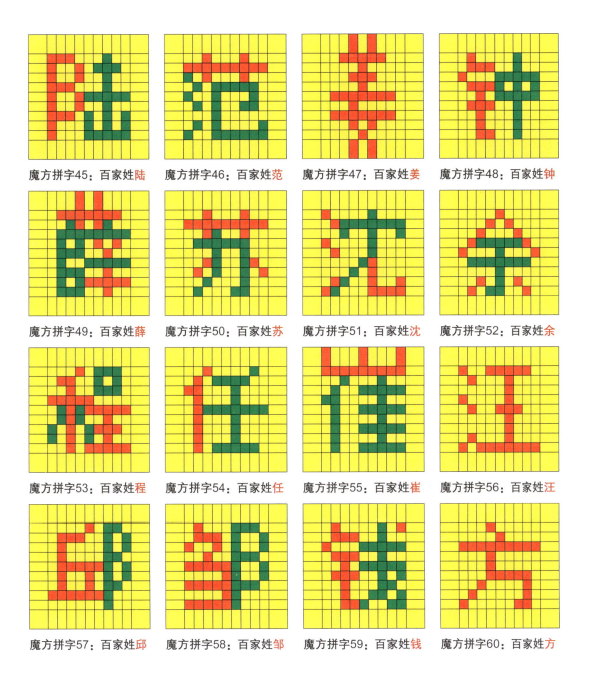

附录　CFOP高级玩法（速记法）

▶微信扫码◀　▶微信扫码◀　▶微信扫码◀　▶微信扫码◀

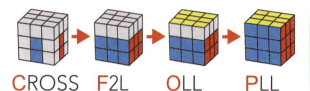

CROSS → F2L → OLL → PLL

OLL和PLL是俯视图
OLL图中的黑块和小黑条表示黄色块
PLL图中的小黑条表示特征/相同色块

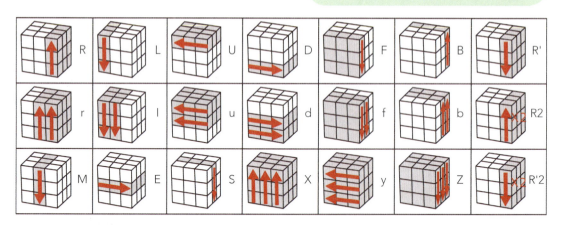

小写表示双层转，xyz是整体转动。
字母加'表示逆时针90°转动。
字母加2表示顺时针180°转动。
字母加'2表示逆时针180°转动。

蓝色字体表示用左食指拨动
红色字体表示用右拇指拨动
橙色字体表示用无名指拨动

括号表示一组连贯手法和分组记忆

（RUR'U'）2=（RUR'U'）（RUR'U'）括号外加2表示括号里步骤重复1次。

在F2L和OLL中，红框内的是速记公式，我们首先要记牢速记公式中每一个数字对应的每组字母，数字后面带"一"的，代表减去后面的一个字母，"十"和"双十"都是汉字，主要是因为这个公式用于拧顶层十字，所以用"十"代表，"双十"代表f拧两层。数字前面带"双"字的，代表这组公式第一个字母是小写的"r"，数字后面带"双"字，代表最后一个字母是小写的"r"。"前7"代表拧前层近似于"7"的公式。红框内的速记公式以红色数字为主，红色数字"2"代表速记公式，黑色数字"2"代表原公式。速记公式与原公式对应记忆更好。

1.	RUR'U	1-.	RUR'
2.	RUR'U'	3-.	RU'R'
3.	RU'R'U	5-.	R U2或RU'U'
4.	RU' R'U'	6-.	R'U R
5.	R U2 R'或RU'U'R'	8-.	R'U' R
6.	R'U RU	0-.	R'U2或R 'U'U'
7.	R'U RU'	双1.	rUR' U
8.	R'U' RU	双2.	rUR' U'
9.	R'U' RU'	双9.	r'U'RU
0.	R'U2 R或 R'U' U' R	0双.	R'U2r或R'U'U'r
十.	FR UR'U' F'	5双.	RU2r'或RU'U'r'
双十.	fRUR'U' f'	前7.	R'FRF'

附录　CFOP高级玩法（速记法）

F2L
前两层归位

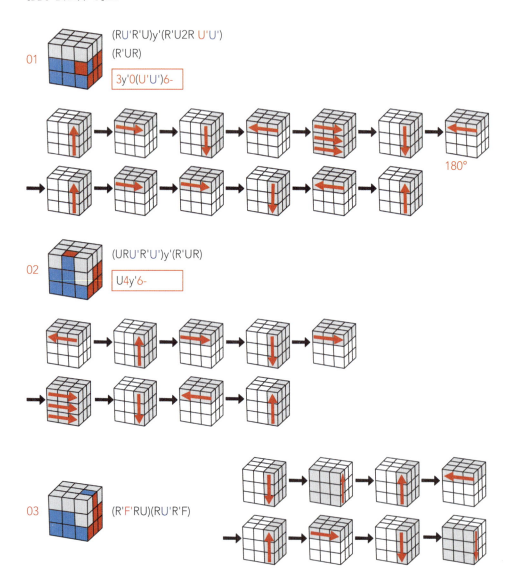

01 (RU'R'U)y'(R'U2R U'U')
    (R'UR)
    3y'0(U'U')6-

02 (URU'R'U')y'(R'UR)
    U4y'6-

03 (R'F'RU)(RU'R'F)

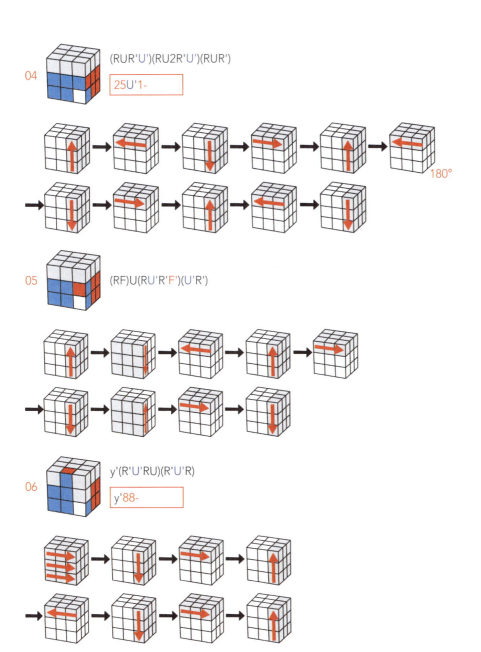

附录　CFOP高级玩法（速记法）

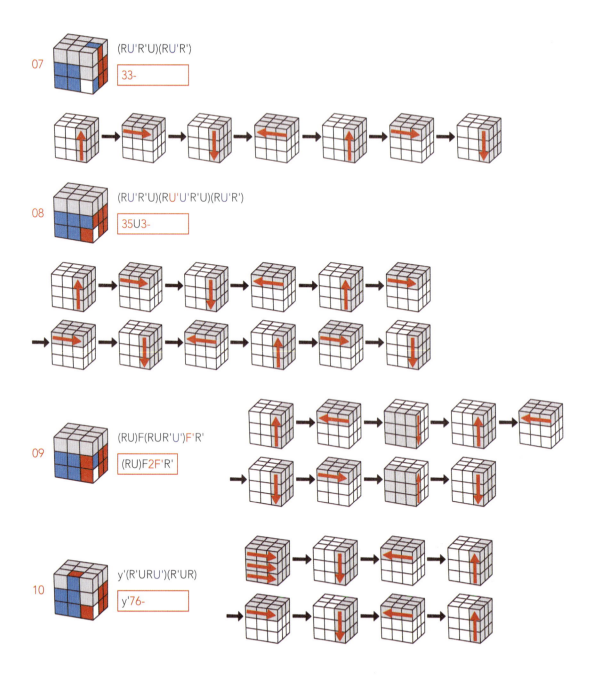

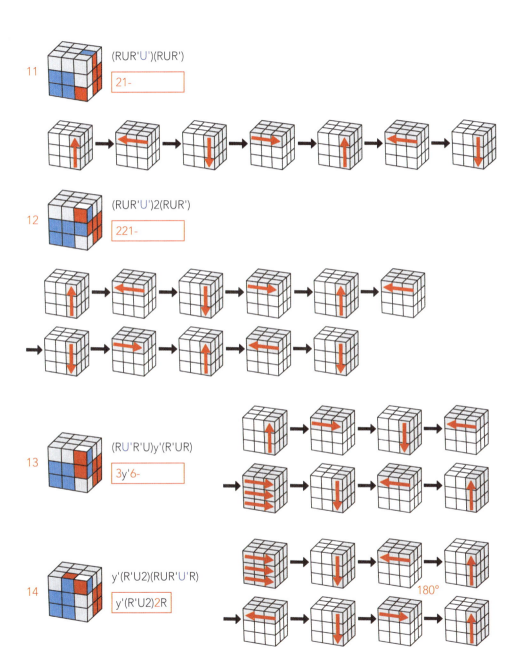

附录　CFOP高级玩法（速记法）

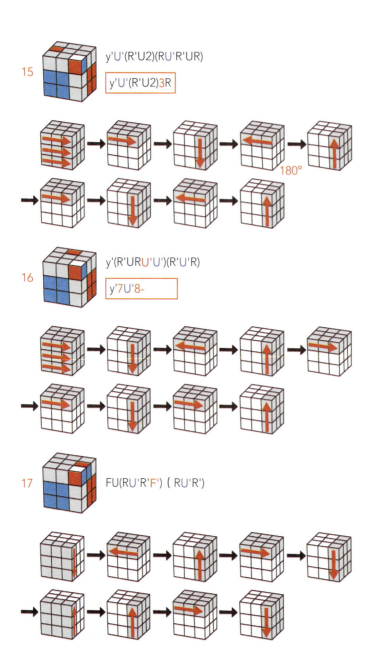

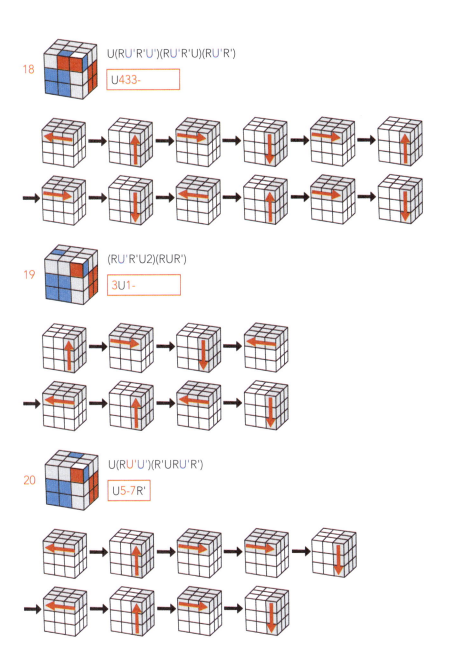

附录 CFOP高级玩法（速记法）

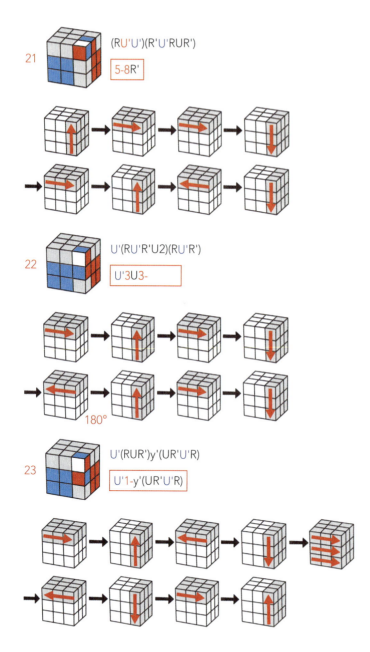

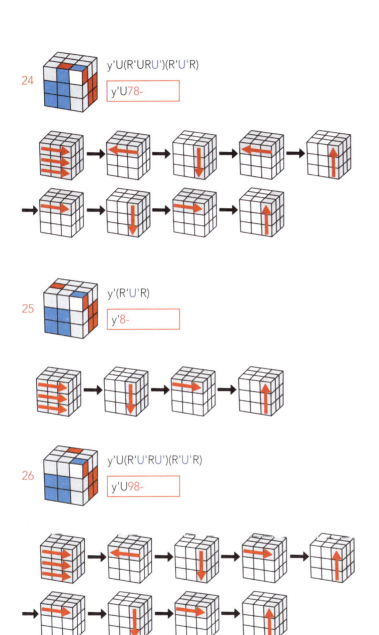

附录　CFOP高级玩法（速记法）

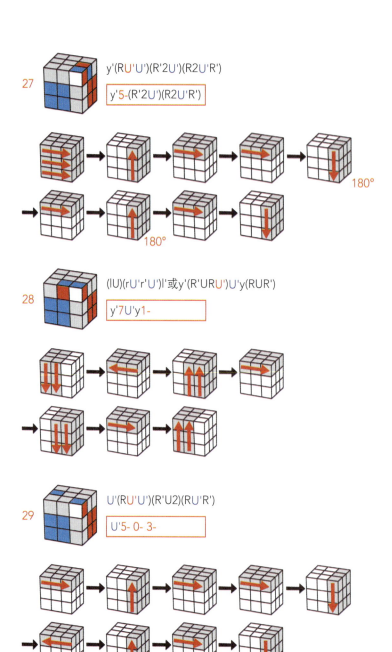

132　如何成为魔方高手——玩转魔方速成技巧

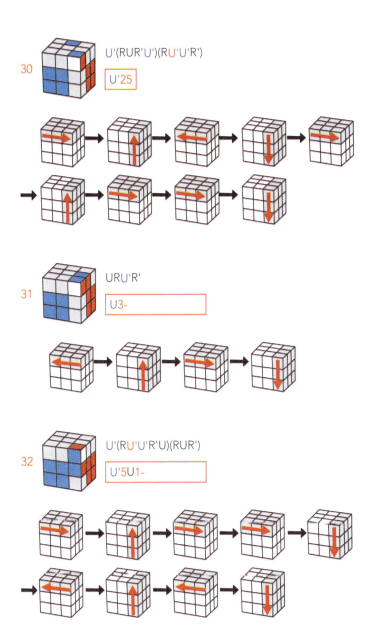

附录　CFOP高级玩法（速记法）

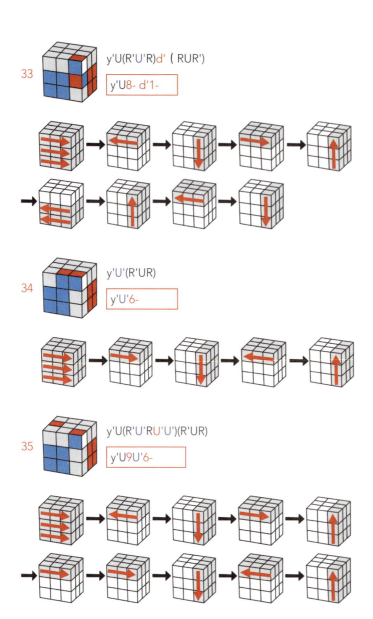

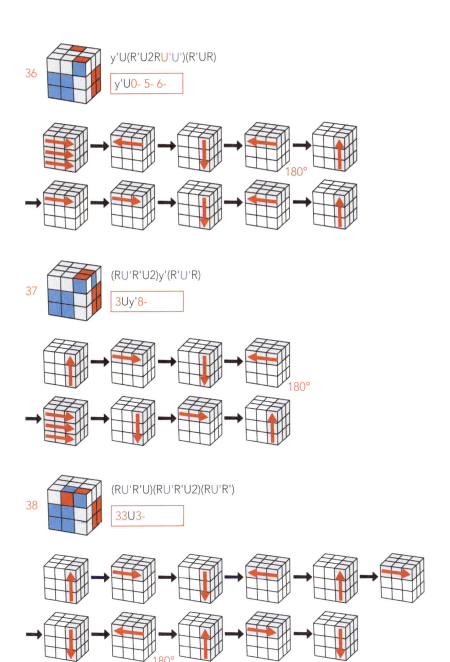

附录　CFOP高级玩法（速记法）

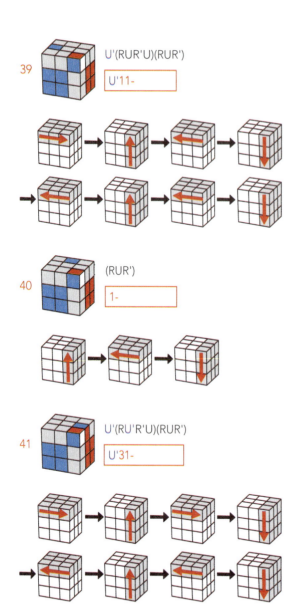

OLL
最后一层翻色

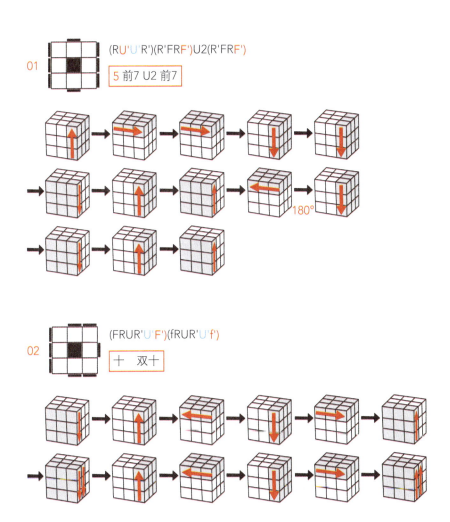

附录　CFOP高级玩法（速记法）

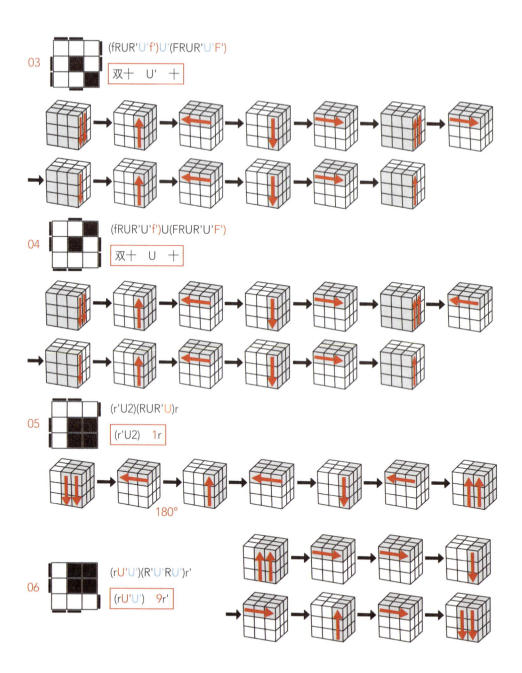

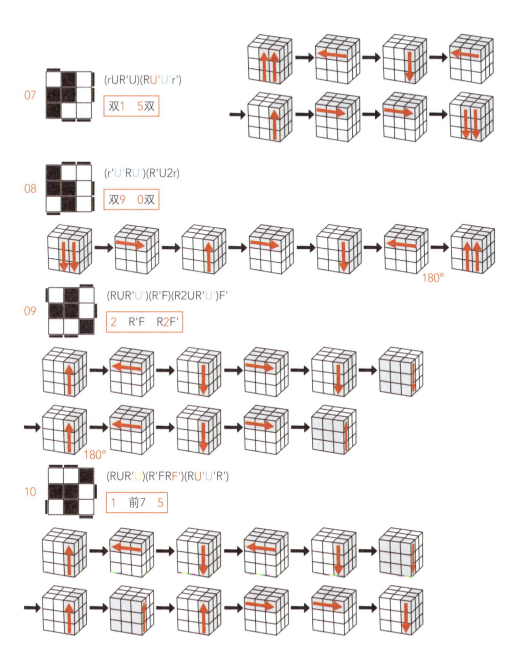

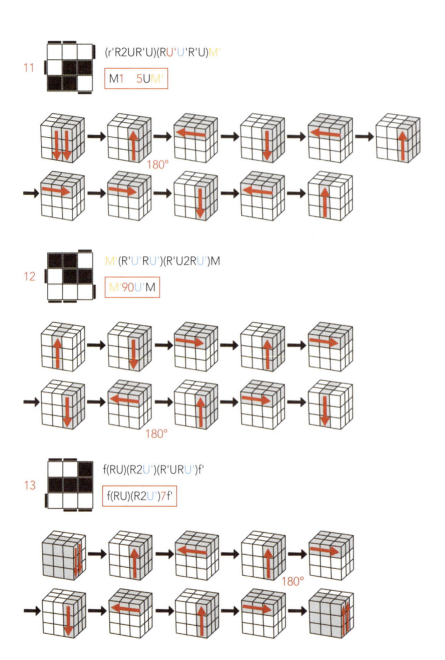

14 (R'F)(RUR'F'R)(FU'F')

15 (r'U'r)(R'U'RU)(r'Ur)
(r'U'r)8(r'Ur)

16 (rUr')(RUR'U')(rU'r')
(rUr')2(rU'r')

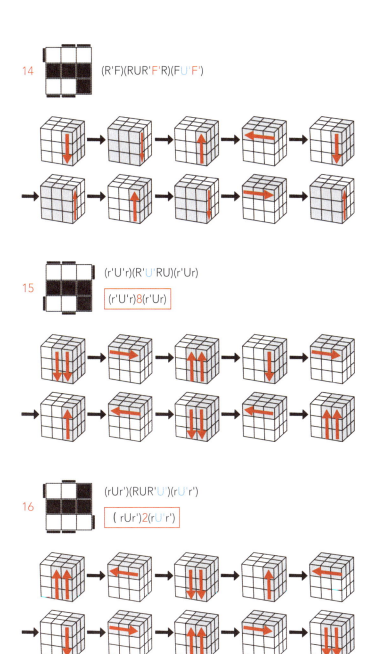

附录 CFOP高级玩法（速记法）

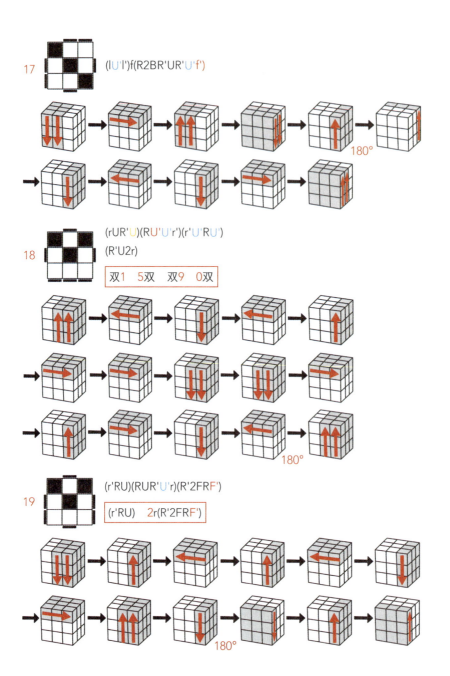

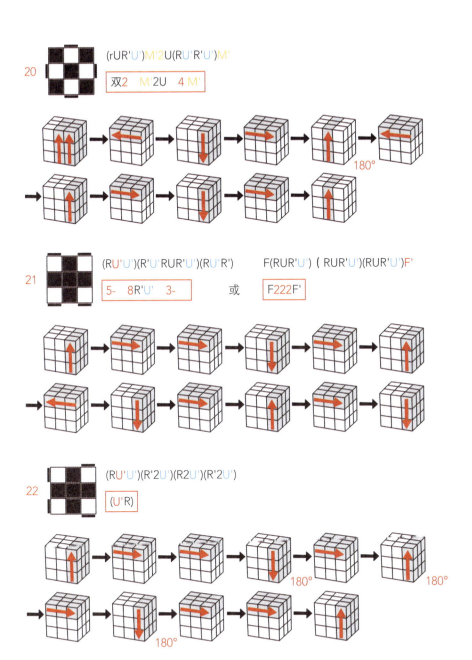

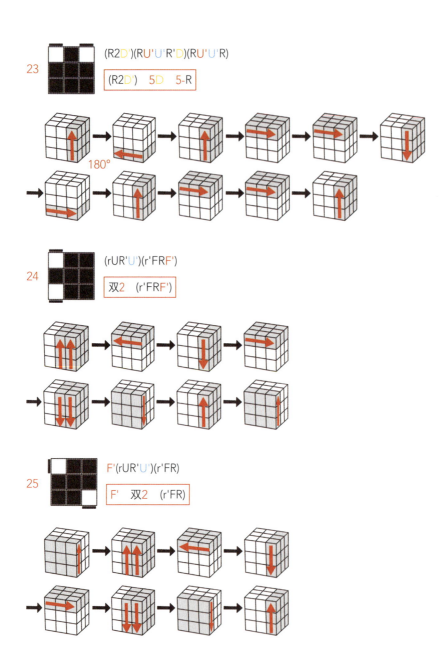

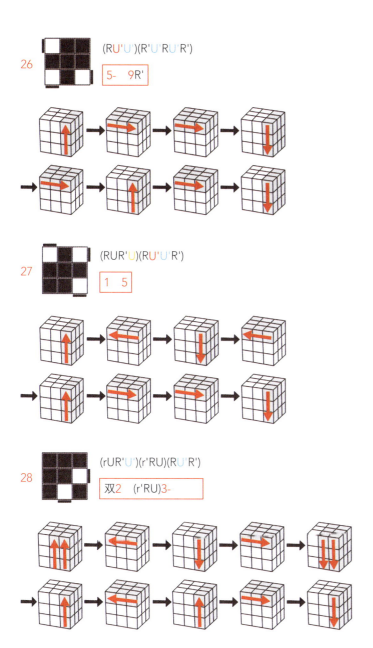

附录 CFOP高级玩法（速记法）

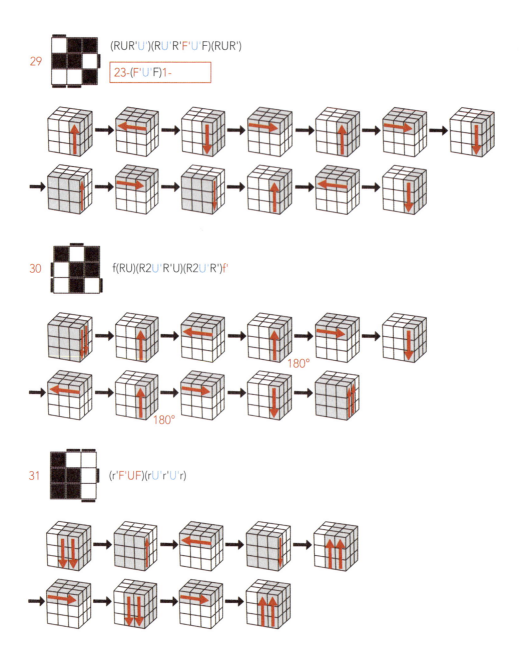

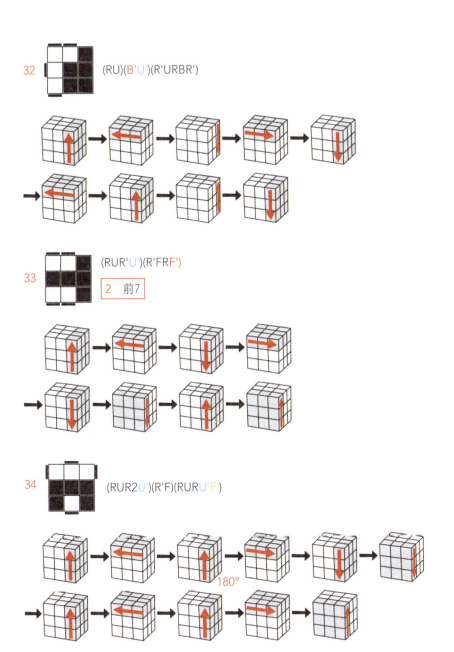

35 (RU'U')(R'2FRF')(RU'U'R')
5 前7 5

36 (R'U'RU')(R'URU)(lU'R'U)
96(lU'R'U)

37 F(RU'R'U')(RUR'F')
F4(RUR'F')

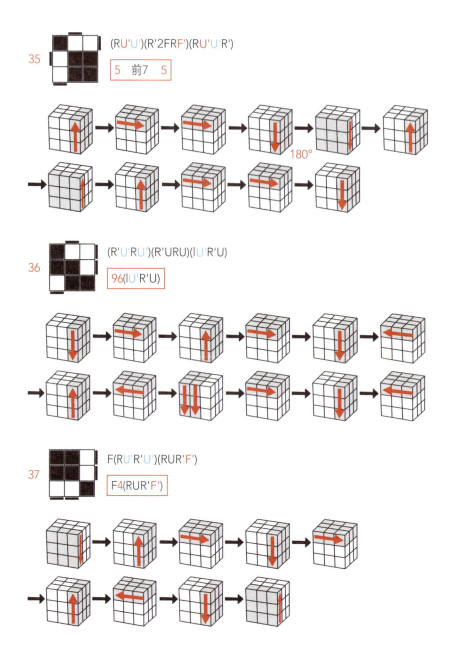

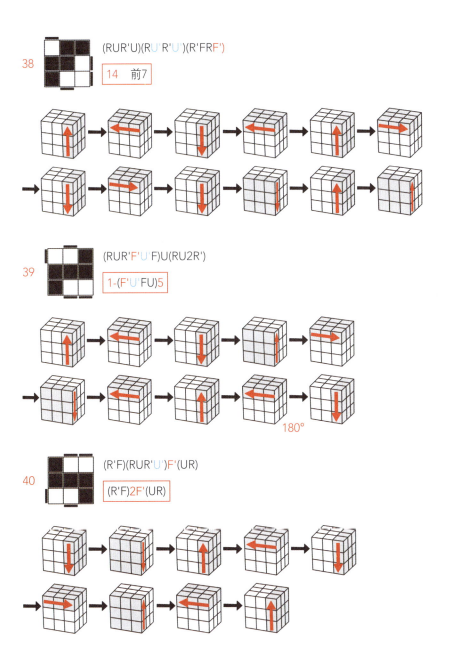

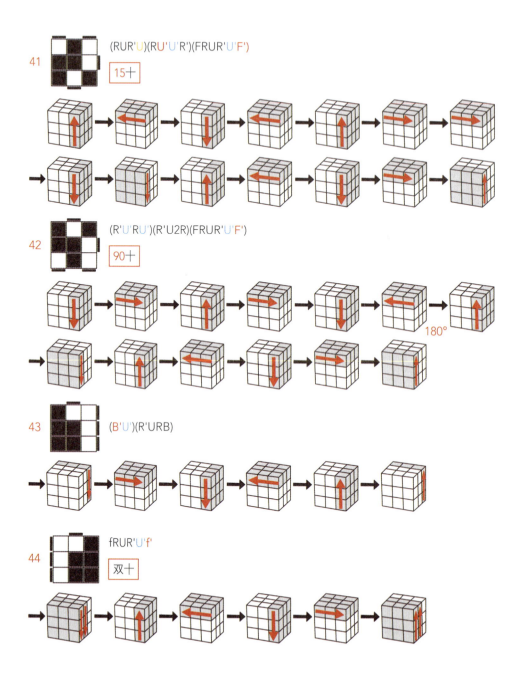

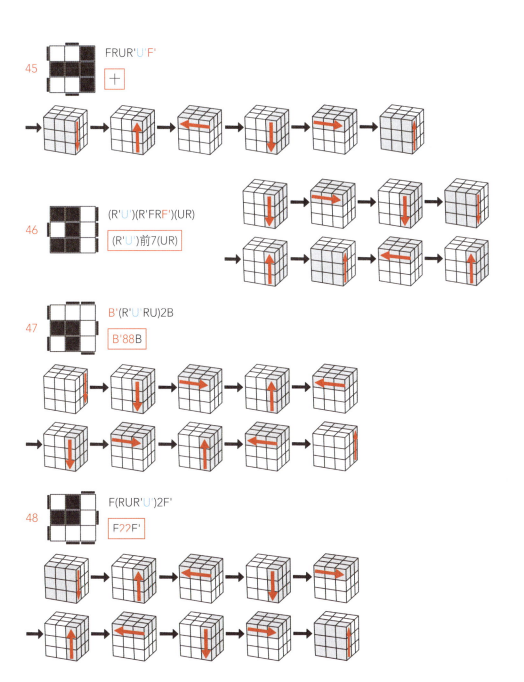

附录　CFOP高级玩法（速记法）

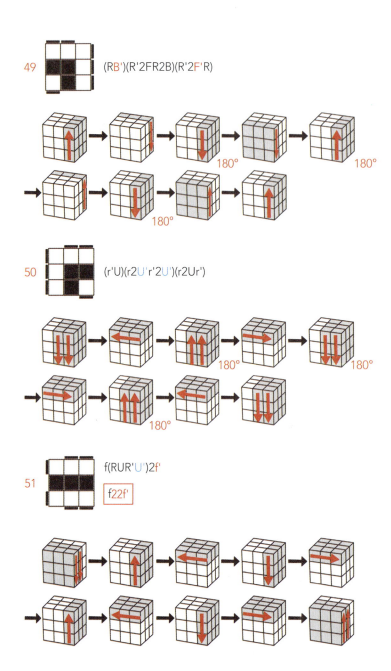

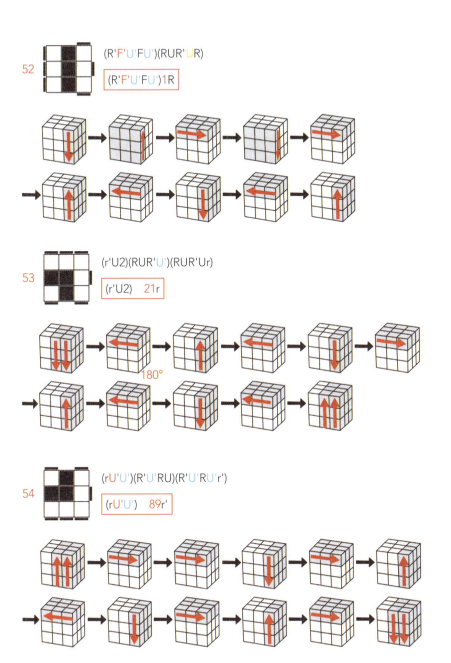

附录　CFOP高级玩法（速记法）

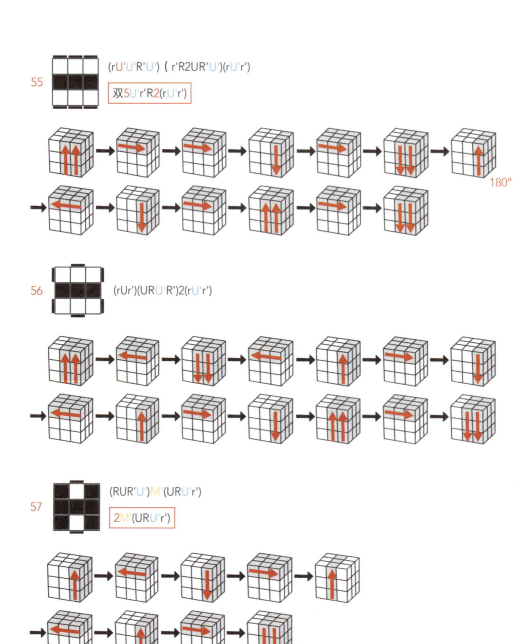

PLL
最后一层归位

01   M'2 U M U2 M' U M'2
或
(R U' R)(U R)2(U' R' U' R'2)

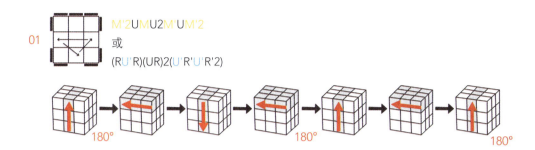

02   M'2 U' M U2 M' U' M'2
或
(R2 U)(R U)(R' U')2(R' U R')

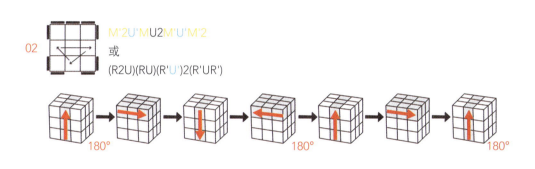

03   M'2 U M'2 U2 M'2 U M'2

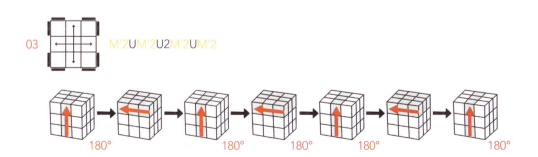

附录　CFOP高级玩法（速记法）

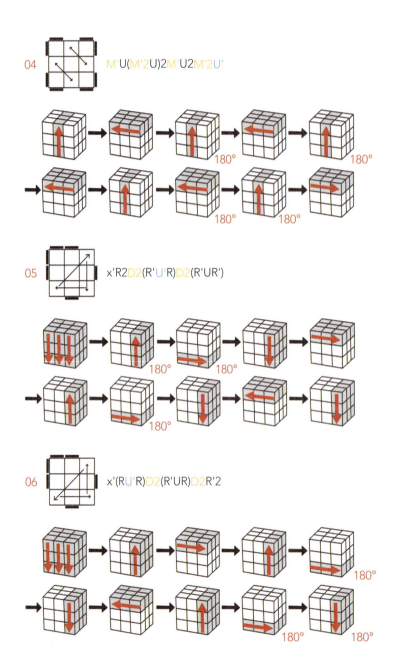

04 M'U(M'2U)2M'U2M'2U'

05 x'R2D2(R'U'R)D2(R'UR')

06 x'(RU'R)D2(R'UR)D2R'2

07   x'(RU'R'D)(RUR'D')
(RUR'D)(RU'R'D')

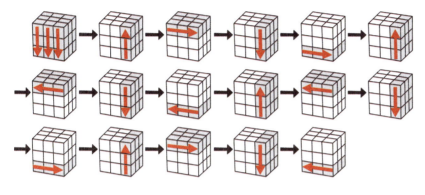

08   (RUR'U')(R'F)
(R2U'R'U')(RUR'F')

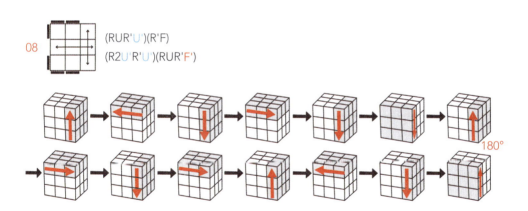

附录　CFOP高级玩法（速记法）

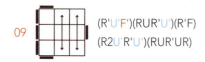

(R'U'F')(RUR'U')(R'F)
(R2U'R'U')(RUR'UR)

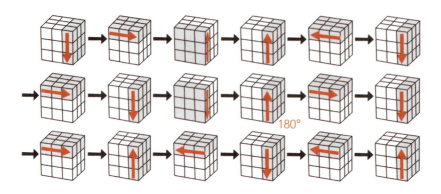

(R'UR'd')(R'F'R2U')
(R'UR'FRF)

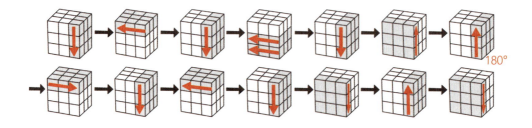

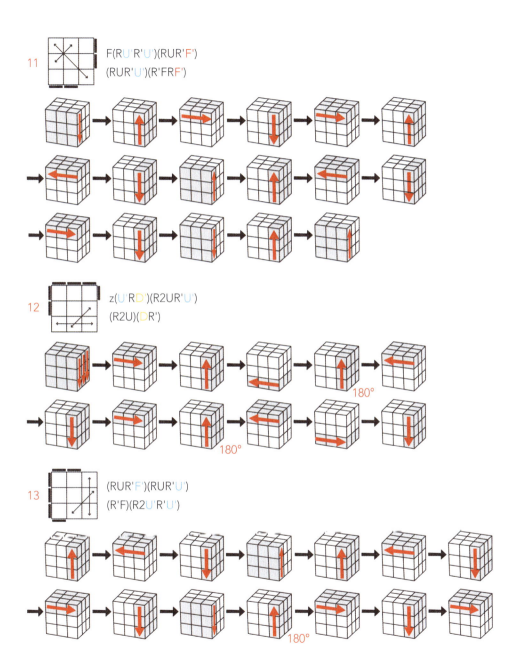

附录　CFOP高级玩法（速记法）

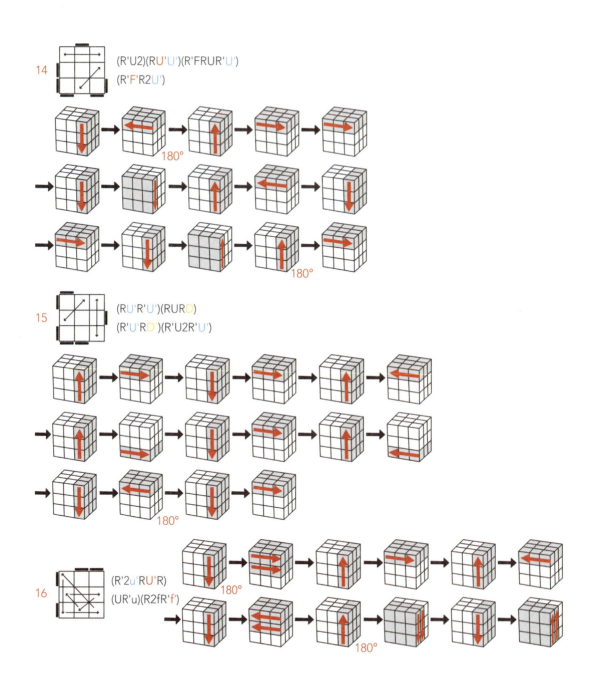

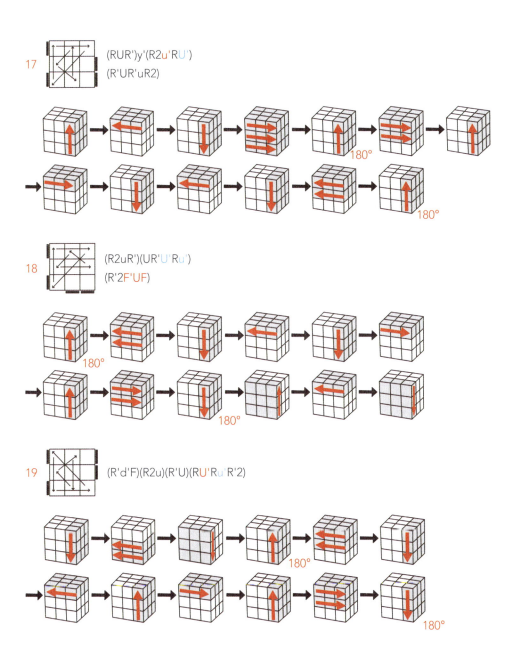

附录 CFOP高级玩法（速记法）

20 (R'URU')(R'F'U')(FRUR'F)
(R'F'RU'R)

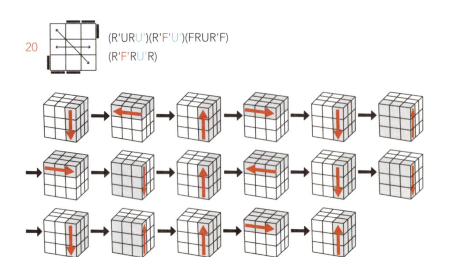

21 (RUR'U)(RUR'F')(RUR'U')
(R'F)(R2U'R'U2)(RU'R')

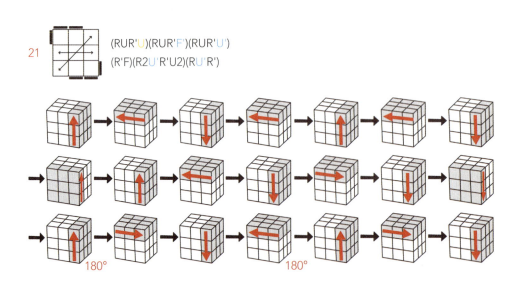